Adolf Baumgartner

Über die Quellen des Cassius Dio

für die ältere römische Geschichte

Adolf Baumgartner

Über die Quellen des Cassius Dio
für die ältere römische Geschichte

ISBN/EAN: 9783743483033

Hergestellt in Europa, USA, Kanada, Australien, Japan

Cover: Foto ©ninafisch / pixelio.de

Manufactured and distributed by brebook publishing software
(www.brebook.com)

Adolf Baumgartner

Über die Quellen des Cassius Dio

ÜBER DIE QUELLEN

DES

CASSIUS DIO

FÜR

DIE ÄLTERE RÖMISCHE GESCHICHTE.

VON

ADOLF BAUMGARTNER.

TÜBINGEN, 1880.

DRUCK VON HEINRICH LAUPP.

Nissen hat in dem über Cassius Dio handelnden Anhange zu seinen kritischen Untersuchungen über die Quellen der vierten und fünften Dekade des Livius auf p. 309 die Benützung des Livius durch Dio vollkommen festgestellt durch den Nachweis, dass der Irrthum von Liv. XXXII. 26, wo dem Prätor L. Cornelius das cognomen Lentulus gegeben wird statt Merula, wie er ihn selbst XXXII. 7 genannt hatte, wiederkehrt bei Zonaras p. 446 B ed. Ducange, d. h. bei Dio. Wenn er aber, weitergehend, behauptet, dass in allen den Partien, in welchen Livius den Polybius benützt, Dio immer nur die livianische Bearbeitung und nirgends das Originalwerk des Polybius herangezogen habe, dass also diejenigen Punkte, die sich bei Dio allein finden nicht als aus einer andern Quelle abgeleitet, sondern als «aus irgend einem Grunde hinzugesetzt» d. h. doch wohl als erschwindelt zu betrachten seien, so ist das falsch, und die Beweise für die Benützung des Polybius selbst liegen in Menge vor. Sie zu sammeln ist der eine Zweck dieser Arbeit, der zweite der: an der Hand einer fortlaufenden Ausschaltung der aus Livius entnommenen Berichte eine Uebersicht über den von Dio neben Livius und neben Polybius benützten «unbekannten Annalisten» zu gewinnen und dessen Stellung in der Entwicklung der römischen Geschichtschreibung zu fixiren.

I.

In der Darstellung der Urgeschichte Roms, für welche Dio hauptsächlich das grosse Sammelwerk des Dionys von Halikarnass ausgebeutet hat, findet sich nur wenig auf Livius zurückführendes vor. Doch hat er beim Auftreten der Sabinerinnen Dio fg. 5, 7 ed. L. Dindorf. der einfacheren Dar-

1

stellung bei Liv. I. 13 folgend ihre Anfrage beim Senat und ihre Gesandtschaft an den Sabinerkönig, welche Dionys 11. 45 berichtet, gestrichen. Sodann finden sich in der Erzählung des Kampfes der Horatier bei Zon. 323 D die Worte ἐκαλοῦντο δὲ οἱ μὲν τῶν Ῥφμαίων Πουπλιοράτιοι, welch letzteres Wort augenscheinlich aus dem bei Dio angegeben gewesenen Vornamen des Vaters der Horatier Publius entstanden ist. Publius nennt ihn aber nur noch Liv. I. 26, während er in der ganzen übrigen Ueberlieferung Marcus heisst.

Einen noch deutlicheren Beweis für die hier schon vorliegende gelegentliche Benützung des Livius liefert ferner Dio fgt. 5, 13 Δίων ἐν α´ „ἐν ᾧ καὶ τὸ σῶμα καὶ τὴν ψυχὴν παραβαλλόμενος ὑπὲρ ὑμῶν ἐκινδύνευσεν", was nur in einer Vertheidigungsrede des Vaters der Horatier für seinen angeklagten Sohn gestanden habên kann, in der er das Volk ironisch auffordert, ihn wenigstens auf dem Schauplatz seines Heldenmuthes und seiner Opferfreudigkeit hinzurichten, als Warnung für spätere. Nun findet sich dieselbe Pointe wieder in der Rede des P. Horatius bei Liv. I. 26, 11 arbore infelici suspende, verbera vel intra pomerium, modo inter illa pila et spolia hostium, vel extra pomerium, modo inter sepulcra Curiatiorum, und da solche rhetorische Wendungen mehr als irgend etwas anderes die Wahrscheinlichkeit für sich haben, dass sie das eigene Werk des Livius seien, so muss auch hier Dio sich aus ihm inspirirt haben.

Im Anschluss an Liv. I. 36, 4 lässt Dio bei Zon. 326 B den Attus Navius blos den Stein durchschneiden, nicht auch noch ein Stück seiner eigenen Hand, wie Dionys III. 71 berichtet, dem Dio im übrigen hier bis in ganz geringes Detail hinein gefolgt ist, vgl. Zon. l. l. λαβὼν οὖν ἐν τῷ κόλπῳ ἀκόνην τε καὶ ξυρὸν κ.τ.λ. und Dionys. l. l. προενέγκας ἐκ τοῦ κόλπου ξυρὸν καὶ ἀκόνην &.

Bei Zon. 346 B findet sich bei Anlass des Sieges des Cincinnatus über die Aequer eine eingeschaltete Erläuterung über die Einrichtung des Joches ἡ δὲ πρᾶξις ἡ τοῦ ξύλου τοιάδε τις ἦν· σταυροὺς δύο, ὀρθια δηλαδὴ ξύλα, διέχοντα ἀλλήλων, εἰς τὴν γῆν κατεπήγνυον, καὶ αὐτοῖς ἐπετίθουν ἐγκάρσιον ἕτερον· dagegen enthält sich Dionys an der betreffenden Stelle X. 24 aller Auseinandersetzungen, und der Anlass zu dem Exkurs des Dio ist also bei Livius zu suchen, der III. 28, 11 hierzu bemerkt tribus hastis jugum fit humi fixis duabus superque eas tranversa una deligata.

Ebendaselbst heisst es von der Besetzung des Kapitols unter Anführung des Herdonius, der Tumult sei entstanden ἐκ δούλων συνέστη καὶ φυγάδων τινῶν. Sklaven und Verbannte erwähnt Dionys X. 14—16 nicht, wohl aber Liv. III. 15, 5 exules servique ad duo milia hominum et quingenti duce Appio Herdonio Sabino nocte Capitolium atque arcem occupavere. Zon. 347 A heisst es vom Jahre 450 a. C. ἐπ’ ἐξόδῳ, τοῦ ἔτους ὀλίγα ἄττα ἐν δύο σανίσι προσέγραψαν. Dionys X. 60 betont die Verspätung nirgends, dagegen Liv. III. 47, 4 jam et processerat pars major anni et duae tabulae legum ad prioris anni decem erant adjectae.

Auch bei der Erzählung der Ermordung des Lucius Siccius Zon. 347 C hat Dio wie beim Auftreten der Sabinerinnen und des Attus Navius die allzugrossen Geschmacklosigkeiten des Dionys zu Gunsten der einfacheren Darstellung von Liv. III. 43 aufgegeben. Das Indicium des Meuchelmordes, dass die Nachforschenden seine angeblichen Miterschlagenen τετραμμένους πρὸς αὐτὸν εἶδον, findet sich bei Dionys gar nicht, dagegen bei Liv. III. 43, 6 Sicciumque in medio jacentem armatumque, omnibus in eum versis corporibus videre &.

Ganz aus Liv. III. 44—58, 10 stammt die Darstellung der Vertreibung der Decemvirn bei Zon. 347 D —348 C.

Die Notiz über den Triumph der Consuln L. Valerius Poplicola Potitus und M. Horatius Barbatus bei Zon. 348 D deckt sich mit Liv. III. 63, 5—11.

Die Angabe, dass während der Hungersnoth des Jahres 440 a. Ch. manche aus Verzweiflung in die Tiber gesprungen seien (Zon 350 C) findet sich wieder bei Liv. IV. 12, 11.

Die Erzählung des Endes des Sp. Maelius Zon. 350 D—351 A ist Contamination aus Liv. IV. 14 und Dionys. XIII. 2, aus welch letzterem die Besetzung des Kapitols herübergenommen ist, während für die Ermordung selbst Dio die ein-

fachere Darstellung des Livius beibehalten hat mit Uebergehung
des allgemeinen Gemetzels, welches Dionys bei diesem Anlass
lässt angerichtet werden.

Ebenso erkennt man in der Darstellung der Thaten des
Camillus an denjenigen Stellen, wo Zonaras aus Dio, nicht aus
Plutarch, schöpft, livianische Berichte. So findet sich das den
römischen Frauen ertheilte Recht, sich des Wagens zu be-
dienen (Zon. 352 B), erwähnt bei Liv. V. 25, 10, aber nicht
bei Plutarch, und die Worte, welche der centurio bei Zon.
358 B spricht, sind gleichfalls nicht aus Plutarch, der sie nur
dem Inhalt nach in indirekter Rede anführt, sondern aus Dio,
und stimmen in der Form überein mit Liv. V. 55, 1.

Dass Dio bei Zon. 361 C Zweifel an der Historicität der
Selbstaufopferung des Curtius äussert, während er sich doch
sonst gerade in ganz besonderem Grade wundergläubig zeigt,
erklärt sich nur und vollkommen durch den Umstand, dass
Liv. VII. 6, 6 diese ganze Tradition ebenfalls nachdrücklich
verdächtigt hat.

Für den Abschnitt Zon. 362 A lässt sich jede Notiz be-
legen aus Liv. VII. 39—41, VII. 41, 4—5, VII. 42, 1—2.
Den Grund warum die Schlachtordnung der Latiner den Römern ganz besondere Besorgniss eingeflösst habe, formulirt
Zon. 362 B: τοὺς γὰρ Λατίνους οἱ ὕπατοι καὶ ὁμοσκεύους καὶ
ὁμοφώνους τοῖς Ῥωμαίοις ὁρῶντες ἐφοβήθησαν μὴ τῶν στρατιω-
τῶν τινες σφαλῶσι, τό τε οἰκεῖον καὶ τὸ πολέμιον μὴ ῥᾷστα
διαγινώσκοντες καὶ διὰ τοῦτο προεῖπον σφίσι τά τε ἄλλα παρα-
τηρεῖν ἀκριβῶς, καὶ καθ' ἑαυτὸν μηδένα μηδενὶ τῶν ἐναντίων
συμβαλεῖν was nichts als freie Uebersetzung ist von Liv. VIII.
6, 15—16 curam acuebat, quod adversus Latinos bellandum
erat, lingua, moribus, armorum genere, institutis ante omnia
militaribus congruentes: milites militibus, centurionibus cen-
turiones, tribuni tribunis compares collegaeque isdem praesi-
diis saepe, isdem manipulis permixti fuerant. per haec ne quo
errore milites caperentur, edicunt consules, ne quis extra or-
dinem in hostem pugnaret.

Genau mit Livius stimmt ferner die Schilderung der Schlacht
von Sentinum bei Zon. 366 B—D überein. Das omen des die

Hirschkuh verfolgenden Wolfes wird mit derselben Wendung gedeutet bei Liv. X. 27, 8. Die Aufopferung des Decius stimmt überein mit Liv. X. 28; die Worte ἥν διὰ τὸ ἐνύπνιον ἐποιή-σατο sind erläuternde Rückverweisung des Dio; die Umgehung der Gallier berichtet Liv. X. 29, 12; nur für den Umstand, dass Decius σὺν τοῖς σκύλοις verbrannt worden sei, muss Dio noch eine andere Quelle befragt haben.

Ganz nach Livius erzählt sodann Dio-Zon. 366 D—367 B die Kriege in Samnium a. Ch. 294 sqq. Am deutlichsten wird dies durch Vergleichung des hierher gehörigen Dio fgt. 36, 29 ὅτι οἱ Σαυνῖται ἀγανακτήσαντες ἐπὶ τοῖς γεγονόσι καὶ ἀπαξιώσαντες ἐπὶ πολὺ ἡττᾶσθαι, πρὸς ἀποκινδύνευσιν καὶ πρὸς ἀπόνοιαν ὡς ἥτοι κρατήσοντες ἢ παντελῶς ἀπολούμενοι ὥρμη-σαν, καὶ τήν τε ἡλικίαν πᾶσαν ἐπελέξαντο· θάνατον μὲν προ-είποντες, ὅστις ἂν αὐτῶν οἴκοι καταμένῃ, καὶ ὅρκοις σφᾶς φρι-κώδεσι πιστωσάμενοι μητ' αὐτὸν τινα ἐκ μάχης φεύξεσθαι, καὶ τὸν ἐπιχειρήσοντα τοῦτο ποιῆσαι φονεύσειν mit Liv. X. 38, 3—11, wo namentlich der Schlusssatz jurare cogebant diro quodam carmine in execrationem capitis familiaeque et stirpis compo-sito, nisi isset in proelium quo imperatores duxissent, et si aut ipse ex acie fugisset aut si quem fugientem vidisset non extemplo occidisset nicht nur den Inhalt, sondern auch die Reihenfolge der einzelnen Angaben mit Dio-Zonaras gemein hat [1]).

II.

In gleicher Weise, wie sich die Benützung der ersten De-kade des Livius durch Dio durch Vergleichung von Dio fgt. 5, 13 mit Liv. I. 26, 11 in welchen beiden Stellen dieselbe rhetorische Antithese wiederkehrt, mit Sicherheit hatte nach-weisen lassen, und auf Grund dieser Stelle das Recht vorlag, alle mit Livius sachlich genau übereinstimmenden Berichte des Dio als aus ihm entlehnt zu betrachten, so lässt sich nun auch die Benützung der dritten Dekade durch Vergleichung zweier ebenso entscheidender Stellen von vorn herein sicher

---

1) Vergl. U. Koehler, qua ratione Titi Livii annalibus usi sunt Hi-storici latini atque graeci, Gotting. 1860, p. 36.

stellen. Auf p. 419 C heisst es nämlich bei Zonaras: καὶ πα-
ραχρῆμα τῶν πολιτῶν οὐ τοὺς ἡβῶντας μόνον ἀλλὰ καὶ παρηβηκότας ἤδη κατέλεξαν. Dafür steht nun bei Liv. XXII. 57,
9 juniores ab annis septemdecim et quosdam praetextatos scribunt, wobei das Wort praetextatos das dem παρηβηκότας entsprechen sollte, ausser durch die mss. des Livius auch noch
durch Val. Max. VII. 6, 1 sicher steht. An ein Missverständniss zu denken, etwa in Folge von Unkenntniss des lateinischen Sprachgebrauchs, wie sich solche Plutarch vielfach
in schmachvoller Weise hat zu schulden kommen lassen, ver-
bietet von vorn herein der Umstand, dass Dio sein ganzes
Leben im römischen Staatsdienst zugebracht hat. Er muss
vielmehr schon in der ihm vorliegenden Quelle gelesen haben
et quosdam praeter aetatem scribunt. Dieses praeter aetatem
ist aber nichts als eine ganz naturgemässe Corruptel aus dem
praetextatos des Livius, und es ist also gerade durch die Art
der Diskrepanz der beiden Berichte die Benützung des Livius,
und zwar in schlechterer Ueberlieferung als die unsrige, auf
displomatischem Wege ebenso gesichert, wie für die vierte Dekade durch das von Nissen nachgewiesene falsche cognomen.
Neben der III—V. Dekade des Livius ist nun noch ein un-
bekannter Annalist von Dio benützt worden, den Wilmans
Fabius getauft hat, andere anders, und Polybius, was Nissen
läugnet.

Der Ausdruck bei Zon. 405 D πάντας γὰρ τοὺς υἱοὺς ὁ
Ἀμίλκας ὥσπερ τινὰς σκύμνους ἐπ' αὐτοὺς τρέφειν ἔλεγε ist
durch keine Version in den erhaltenen Quellen vertreten, lässt
aber auf ein griechisch geschriebenes Original schliessen, da
sich die Löwenbrut im Lateinischen nur durch Umschreibungen
wiedergeben lässt, die den Ausdruck matt und kaum mehr
citirenswerth hätten erscheinen lassen.

Auf völlig von Liv. XXI. 1 abweichende Ueberlieferung
geht auch der Zusatz zur Erzählung vom Schwure Hannibals
zurück, er sei damals 15 Jahre alt gewesen, Liv. giebt 9 an.

Zon. 406 A : dass Hannibal sich vollkommen bewusst gewesen sei, dass ein Angriff auf Sagunt Eröffnung eines Krieges
mit Rom sei, betont ebenso Liv. XXI. 5, 3.

Zon. 406 B: dass Hannibal sich dadurch Geldmittel habe verschaffen wollen ist ein Gesichtspunkt, der aus Polyb. III. 17 stammt. Der Exkurs über Iberien mag aus dem Vorrathe der Kenntnisse Dio's stammen; ob er für eine Notiz wie — θαλάσσης τῆς πάλαι μὲν Βεβρύκων ὕστερον δὲ Ναρβονησίων erst noch auf eine ethnographische Quelle habe recurriren müssen ist bei einem Manne von seiner Belesenheit nicht zu entscheiden (vgl. LXXII. 23 συνέλεξα δὲ πάντα τὰ ἀπ' ἀρχῆς τοῖς Ῥωμαίοις μέχρι τῆς Σεουήρου μεταλλαγῆς πραχθέντα ἐν ἔτεσι δέκα καὶ συνέγραψα ἐν ἄλλοις δώδεκα und fgt. 1, 2 . . . πάντα ὡς εἰπεῖν τὰ περὶ αὐτῶν τινι γεγραμμένα, συνέγραψα δὲ οὐ πάντα ἀλλ' ὅσα ἐξέκρινα.

Die Gesandtschaft der Saguntiner nach Rom und die Rückgesandtschaft der Römer an Hannibal bei Zon. 406 C, stimmen im Wesentlichen mit Liv. XXI. 6—9 überein, allein bei Zonaras giebt Hannibal vor, er befinde sich überhaupt nicht beim Heere, sondern sei abgereist, während er bei Liv. XXI. 9 vorgiebt keine Zeit zu haben. Dass die Belagerung selbst 8 Monate gedauert habe ist wohl der Berechnung des Liv. XXI. 15, 3 entnommen. Die Auseinandersetzung der Einrichtung der Belagerungsmaschine, Zon. 407 B weist dagegen wieder auf eine annalistische Quelle hin, und zwar auf eine solche, welche alle Begebenheiten mit möglichst ausserordentlichen Umständen sich zutragen lässt. Der Belagerungsthurm soll nämlich nach Zonaras oben sichtbare Angreifer enthalten und unten versteckte, welche während des oben tobenden Kampfes die Mauer unbemerkt untergraben, dagegen bei Liv. XXI. 11, 7 sqq. wird in ganz normaler Weise erst die Mauer von Vertheidigern gesäubert, worauf dann die Brecharbeiter auftreten und ihr Werk beginnen. Ebenso klingt es viel romantischer als die Erzählung bei Liv. XXI. 14—15, wenn Zonaras berichtet, vor der Erstürmung hätten die Saguntiner die Schätze und die Schwachen vernichtet, die Kampffähigen aber hätten einen Ausfall gemacht und seien darin umgekommen.

Nach der Einnahme Sagunts erwähnt Zon. 407 C—408 A in Rom gehaltene Berathungen, die er nach seinem wohl-

erwogenen Grundsatze, die Thatsachen, aber nicht die Reden
aus Dio mitzutheilen, nicht in extenso aufgenommen hat. Die
in den Konstantinischen Excerpten daraus erhaltenen ausführlicheren Partien (Dio fgt. 45, 1 sqq.) sind von einer ganz
ungewöhnlichen Leere und Breite, und gestatten eine unge-
fähre Abschätzung des Umfangs, zu welchem Dio diese Verhandlungen hatte anschwellen lassen. Nun wissen wir aus
Polyb. III. 20, 5, dass von solchen Berathungen damals überhaupt keine Rede mehr war, noch sein konnte, sondern dass
diese sich blos in den schlechten Darstellungen eines Sosilos
und Chaereas vorfanden. Wenn sich also schon oben bei
Anlass von Zon. 405 D die Wahrscheinlichkeit ergeben hatte,
dass die Dio vorliegende Quelle griechisch geschrieben sei, so
ergiebt sich hier jedenfalls mit Sicherheit. dass dieselbe diese
griechischen Berichte gekannt und benützt hat.

Dasselbe Resultat ergiebt auch die Vergleichung des
Traumes des Hannibal bei Zon. 408 D—409 A mit Livius.
Derselbe hat nämlich bei Dio genauere Aehnlichkeit mit der
Darstellung des aus Silenus schöpfenden Coelius bei Cic. de
div. I. 24, als mit Liv. XXI. 22, welch letzterer die Berufung
des Hannibal in die Versammlung der Götter weggelassen hat.
Was nun die Belehrung betrifft, welche Hannibal bei Zonaras über die Erscheinung der Schlange erhält ταῦτα συμπορ-
θήσοντά σοι τὴν Ἰταλίαν ἔρχεται, so schliesse ich mich der
von Posner in der Schrift quibus auctoribus in bello Hanni-
balico enarrando usus sit Dio Cassius (diss. Bonn. 1874) p. 20
ausgesprochenen Ansicht: Silenum haec verba scripsisse mihi
persuadere non possum, itaque nihil esse nisi errorem Dionis
profectum ex Latino scriptore perverse in Graecum sermonem
translato, pro certo habeo — in so fern an, dass auch ich die
Version des Zonaras nicht für die ursprüngliche des Silenus
halte, der augenscheinlich ebenso wie Livius und Coelius an
ein solches persönliches Auftreten der Verwüstung in Gestalt
der Schlange gedacht hatte, wie es das persönliche Auftreten
der Pest in den serbischen Pestfrauen ist, oder als jenes alte
Männchen in Ephesus, das auf Anstiften des Apollonius von
Tyana gesteinigt wird. Einen Uebersetzungsfehler des Dio

anzunehmen scheint mir aber sehr bedenklich, und ich möchte
eher glauben, dass schon der von Dio benützte griechisch
schreibende, und die griechischen Berichte benützende römische
Annalist diese Aenderung am Texte des Silenus angebracht
habe, um die Vorstellung auf eine für Römer verständlichere
Form zu bringen.

Dass dieser Bericht auf Silen zurückgehe wird ausdrücklich bezeugt von Cicero de div. I. 24, 49 : Hoc item in Sile-
ni, quem Coelius sequitur, Graeca historia est, und bestritten
von W. Sieglin, die Fragmente des Coelius Antipater, Leipzig
1879, p. 65; denn der Traum sei ein vaticinium post even-
tum, der Autor müsse also nach dem Kriege geschrieben haben,
Silen sei aber während des Krieges gestorben, denn Nep. Hann.
13, 3 sage: Hujus belli gesta multi memoriae prodiderunt,
sed ex his duo, qui cum Hannibale in castris fuerunt simul-
que vixerunt, quamdiu fortuna passa est, Silenus et
Sosilus Lacedaemonius. Der Beweis ist nichtig; denn in den
gesperrt gedruckten Worten liegt auch nicht die allerleiseste
Anspielung auf den Tod irgend jemandes, geschweige denn
speziell auf den des Silen.

Die Prodigien für das Jahr 219/18 bei Zon. 408 D sind
zum Theil dieselben, welche Liv. XXI. 62 für 218/17 erwähnt;
so der Wolf, welcher einem Wachposten das Schwert entreisst,
und der Stier, welcher sich aus dem obern Stockwerke eines
Hauses herunterstürzt. Erklären liesse sich dieser Unterschied
durch die Annahme, dass der sehr wundersüchtige Dio seine
Prodigien, die meist viel vollständiger sind als die unserer
übrigen Ueberlieferung, nicht nach einem bestimmten Autor
citire, sondern nach einer Prodigiensammlung, welche er sich
selbst aus allen Quellen, die er gelesen, angelegt habe; und
da mögen beim eintragen der Prodigien in seine Jahrestabellen
gelegentlich Versehen mit unterlaufen sein.

Zon. 409 B dass Scipio am Rhodanus seine Truppen noch
nicht versammelt gehabt habe, stimmt mit der durchgehenden
Tendenz der annalistischen Quelle Dio's überein, aus den Scipionen mit Hülfe von Tapferkeit und Missgeschick Helden zu
machen. Der Uebergang selbst hat Aehnlichkeit sowohl mit

Polyb. III. 42, als mit Liv. XXI. 16, weicht aber von beiden
ab durch die Nennung von Hannibals Bruder Mago als dem-
jenigen, welcher die Vorhut über den Strom führt, und malt
das Gelingen des Stratagems durch das σαλπιγκτα! δὲ συνή-
χησαν noch weiter aus.

Die Betrachtung bei Zon 409 D, dass das erste glück-
liche Reitergefecht als ein omen für den Ausgang des ganzen
Krieges anzusehen gewesen sei, findet sich ebenso bei Liv.
XXI. 29, 1—5 und hat als rhetorische Wendung die Prä-
sumption für sich aus Livius entnommen zu sein.

Der Alpenübergang des Hannibal bei Zon. 409 D—410
A ist zu kurz erzählt, um Schlüsse darauf gründen zu können,
dagegen stimmen die Ansprachen der beiderseitigen Feldherrn
an ihre Heere Zon. 410 B sachlich sowohl mit Polyb. III.
62—63, als auch mit Liv. XXI. 42—44 überein, mit letzterem
überdies in der Reihenfolge.

Ueber das Gefecht am Ticinus hat Zon. 410 C dieselbe
Version, welche Liv. XXI. 46, 10 aus Gründen der grösseren
moralischen Wünschbarkeit für die richtige hält, dass nämlich Scipio Africanus seinen in Gefahr gerathenen Vater aus
dem Gedränge herausgehauen habe, und Zon. setzt hinzu: er
sei damals siebenzehnjährig gewesen. Bei diesem Anlass kommt
nun Posner in seiner angeführten Schrift in schwere Bedrängniss. Er geht nämlich von der zuerst von Wölfflin ausführlich begründeten Ansicht aus, dass Livius in der Darstellung
des zweiten punischen Krieges im Wesentlichen dem Coelius
Antipater folge, eine Ansicht, der ich mich vollständig an-
schliesse. Sodann giebt er zu, was unbestreitbar ist, dass sich
bei Zonaras grosse fast wörtliche Uebereinstimmungen mit
Livius vorfinden, andererseits aber auch wieder vieles erzählt
werde, was bei Livius fehle. Und da er nun p. 46 den Ka-
non aufstellt, dass vix credi possit Dionem ipsum duobus auctoribus usum esse (wogegen freilich Dio selbst erklärt er habe
fast alles einschlagende gelesen) so folgt für ihn, dass Dio
und Livius als gemeinschaftliche Quelle den Coelius ausge-
schrieben haben. Im vorliegenden Falle wird nun Posners
Theorie vollständig ad absurdum geführt durch den Umstand,

dass Liv. l. l. hinzusetzt: servati consulis decus Coelius ad servum natione Ligurem delegat. Gegen diese ausdrückliche und präcise Angabe des Livius führt nun Posner, um seine These zu retten, einen Gewaltstreich; er sagt p. 59 tamen de illo filii facinore etiam Coelium scripsisse contra Livii sententiam pro certo habeo, und für solche, die ihm das etwa nicht glauben sollten, lässt er in der Anmerkung auf derselben Seite noch eine zweite Möglichkeit durchblicken: fortasse autem hanc de servo narrationem per errorem Livius Coelio attribuit cum re vera Valerii Antiatis esset cujus e fragmentis saepius malignitas quaedam in Scipiones apparet, wobei man freilich nicht recht einsicht, wie es kommen solle, dass Livius, der ja nach Posners Annahme hier durchweg den Coelius abschreibt, nun auf einmal nicht wissen sollte, welches Buch vor ihm liege.

Allein die Frage stellt sich gar nicht so verzweifelt, sobald man den Glauben an eine einzige ausschliesslich und wörtlich abgeschriebene Quelle aufgiebt. Wir wissen nämlich, durch wen diese Erzählung vom Heldenmuthe und der Pietät des Africanus in die Litteratur ist eingeführt worden; nämlich von Polybius, als welcher sie nicht aus einem andern Schriftsteller geschöpft hat, sondern aus dem mündlichen Bericht des C. Laelius. Da nun Polybius an der betreffenden Stelle (X. 3) auch noch die Notiz dazufügt, dass Scipio damals ἑπτακαιδέκατον ἔτος ἔχων gewesen sei, und diese sich nicht bei Livius, wohl aber bei Zon. 410 C wiederfindet, so ergiebt sich hier, was sich noch durch eine Reihe anderer Stellen bestätigt, dass Dio neben Livius auch noch Polybius herangezogen hat. Im Uebrigen ist die Anekdote interessant, als einer der nicht gerade häufigen Fälle, wo man das Entstehen einer Legende datiren kann: denn dass der Bericht des Coelius der ächte sei, zeigt seine Schlichtheit und das Fehlen aller und jeder sichtbaren Tendenz. Nun hat Coelius nach dem Tode des C. Grachus geschrieben, Polybius mindestens ein Jahrzehnt vorvorher, in dieser ganzen Zwischenzeit hat es also die Legende nicht dazu gebracht sich im Publikum festzusetzen, denn dass in den Worten des Coelius keine Spur von Polemik gegen dieselbe liegt, beweist, dass er sie überhaupt nicht kennt, sie war also noch immer blos reif für Familienmitglieder und vornehme Fremde. Zon. 410 C—D der Uebergang Hannibals über, den Po stimmt im ganzen überein mit Liv. XXI. 47, berichtet aber statt des Abschneidens der Fahrzeuge ihr Verbrennen und lässt/die Elephanten im Fluss durchmarschiren, während sich Livius für das Uebersetzen in Flössen entscheidet. Die nächtliche Meuterei der Gallier und die Verlegung des Lagers des Scipio stimmt sachlich 〈〉 mit Liv. XXI. 48, 1—5, der Beutezug Hannibals bei Zon. 411, A—B mit Liv. XXI. 48, 8—10, die Niederlage des Sempronius mit Liv. XXI. 54—56. Daran schliessen sich bei Zonaras die Worte νικήσας μέντοι ὁ Ἀννίβας οὐκ ἔχαιρεν, ὅτι στρατιώτας τε πολλοὺς καὶ τοὺς ἐλέφαντας πλὴν ἑνὸς ὑπὸ τοῦ χειμῶνος καὶ τῶν τραυμάτων ἀπέβαλεν, wohingegen ihm in der Vorstellung des Livius noch viel mehr geblieben sind, da er nach 58, 11 beim Sturm im Apennin von den an der Trebia gebliebenen noch 7 weitere verliert; näher steht Polyb. III. 74, 11 ὑπὸ δὲ τῶν ὄμβρων καὶ τῆς ἐπιγινομένης χιόνος οὕτως διετίθεντο δεινῶς, ὥστε τὰ μὲν θηρία διαφθαρῆναι πλὴν ἑνός, πολλοὺς δὲ καὶ τῶν ἀνθρῶν ἀπόλυσθαι καὶ τῶν ἵππων διὰ τὸ ψῦχος.

Die Expedition des Hannibal bei Zon. 411 C wird erwähnt von Liv. XXI. 57, doch mit dem Unterschiede, dass bei der Eroberung von Victumviae Hannibal nach Zonaras die Eingebornen freigiebt, was in der Absicht erzählt wird, seine Behandlung der Römer noch schwärzer erscheinen zu lassen. Die Verkleidungen, deren sich Hannibal bei Zon. 411 D bedient, um sich vor Nachstellungen 〈〉 zu sichern, werden auch, aber weniger ausführlich, von Liv. XXII. 1 berichtet. Nun sind solche Anschläge Angesichts der Lage, in welcher sich das punische Heer bei einem plötzlichen Tode Hannibals befunden hätte, ganz undenkbar, und werden ausserdem durch das Schweigen des Polybius auch äusserlich verdächtig. Sie tragen vielmehr ganz denselben romanhaften, apokryphen Charakter an sich, welchen die ganze Reihe der dem Dio eigenthümlichen gehässigen Anekdoten über Hannibal aufweist. Hier scheint also Livius einmal denselben Annalisten eingesehen zu haben, dem Dio so ungebührliches Vertrauen schenkt, dass er ihn nicht öfter benützt hat, ist ein Zeichen seines im Vergleich zu Dio guten Geschmacks. Zon. 412 A Ereignisse in Iberien = Liv. XXI. 60—61. Zon. 412 C Besetzung von Aretium von Flaminius = Liv. XXI. 2, 1; dass Hannibal beim Zuge durch die Sümpfe ein Auge verloren habe = Liv. XXII. 2, 11. Seine Vorkehrungen um Flaminius zur Schlacht zu verlocken = Liv. XXII. 3 und Polyb. III. 82. Dass die Vertheilung des Hinterhaltes auf die Berge am Trasimenus des Nachts geschehen sei berichtet Polyb. III. 83, 5 ebenso wie Zon. 412 D. Dagegen greifen die Punier bei Zon. 413 A ὑπὸ μέσας νύκτας ὑπὸ καταφρονήσεως αὐτοὺς ἀφυλάκτως καθεύδοντας an, dagegen bei Polyb. und Livius übereinstimmend im Morgennebel. Dio benützt also neben diesen beiden immer ein und dieselbe Quelle, welche jedes Ereigniss mit möglichst grässlichen Nebenumständen versieht. Und wenn sich die Römer nicht vertheidigen können σκότους καὶ ὁμίχλης οὔσης, so ist dies ein ungeschickter Versuch, den nächtlichen Angriff seines Annalisten mit den Worten des Polyb. III. 84, 1 οὔσης δὲ τῆς ἡμέρας ὁμιχλόδους διαφερόντως auszusöhnen, und ein neuer Beweis seiner Benützung des Polybius. Zon. 413 B: die sich auf einen Hügel rettende Schaar wird erwähnt von Liv. XXII. 6, 4 und Polyb. III. 84, 11— 14; dass letzterer benützt ist zeigt der Zusatz πάντων δὲ τῶν ἐν τῷ στρατοπέδῳ ἁλόντων τό τε συμμαχικὸν τῶν Ῥωμαίων ἀφῆκεν, αὐτοὺς δὲ ἐκείνους ῥήσας ἐφύλασσε welcher sich nicht bei Livius vorfindet, wohl aber bei Polyb. III. 85, 3 ὅσοι μὲν ἦσαν Ῥωμαῖοι τῶν ἑαλωκότων, διέδωκεν εἰς φυλακὴν ἐπὶ τὰ τάγματα, τοὺς δὲ συμμάχους ἀπέλυσε χωρὶς λύτρων ἅπαντας εἰς τὴν οἰκείαν.

Von der Diktatur des Fabius an stimmt die Serie von tendenzmässigen Verläumdungen des Hannibal in der Regel mit Appian überein, doch meist so, dass eine Benützung des Appian durch Dio wegen grösserer Vollständigkeit des letzteren ausgeschlossen ist.

So erzählt Zon. 414 B dass Hannibal, von Fabius in
Campanien eingeschlossen, ehe er den Durchbruch mit Hülfe
der Brände tragenden Ochsen gewagt habe, erst τοὺς αἰχμαλώτους
πάντας, ἵνα μή τις αὐτῶν διαφύγῃ καὶ τὸ γινόμενον γνωρίσῃ
τοῖς Ῥωμαίοις κατέσφαξε, wovon weder Livius noch Polybius
noch Plutarch im Fabius etwas wissen, wohl aber App. Hann.
14 τοὺς μὲν αἰχμαλώτους ἐς πεντακισχιλίους ὄντας κατέσφαξεν
ἵνα μὴ ἐν τῷ κινδύνῳ νεωτερίσειαν. Dass Dio eine andere Motivirung beibringt, ist kein Grund auf eine andere Quelle als
die des Appian zu schliessen, denn in seiner Darstellung des
Pragmatismus der Ereignisse ist er sehr selbständig, ja eigen-
mächtig, wofür die Beweise von Nissen beigebracht sind, op.
cit. Anhang 3.   Es folgt bei Zon. 414 D vgl. Dio fgt. 57, 14 eine Anekdote von der höhnischen Abweisung von Hannibals Gesuch
um Verstärkung durch die Karthager.   Auch mit dieser Nachricht weicht Dio wieder von aller guten Ueberlieferung ab,
und hat als Mitzeugen dafür wiederum blos App. Hann. 16
καὶ στρατιὰν ᾔτει καὶ χρήματα. οἱ δὲ ἐχθροὶ πάντα ἐπισκώπτοντος
τοῦ Ἀννίβου καί τότε ὑπεκρίνοντο ἀπορεῖν, ὅτι τῶν νικώντων
οὐκ αἰτούντων χρήματα ἀλλὰ πεμπόντων ἐς τὰς πατρίδας, ὁ Ἀννίβας αἰτοίη λέγων νικᾶν, οἷς οἱ Καρχηδόνιοι πεισθέντες οὔτε
στρατιὰν ἔπεμπον οὔτε χρήματα.
    Die ganze Darstellung der Prodiktatur des Minucius Ru-
fus bei Zon. 415 findet sich sachlich wieder bei Liv. XXII.
22 sqq., welcher auch den bei Plutarch fehlenden Umstand
enthält, dass für Rufus das erste Gefecht durch das Eintreffen
einer Schaar Samniter glücklich gewendet worden sei. Zwischen
dieses erste und das zweite Treffen, welches dann das Insich-
gehen des Minucius zur Folge hat, schiebt Livius die Erzählung der Auswechslung der Gefangenen ein, bei welcher Fabius
das Fehlende aus eigenem Gelde zulegt. Dasselbe meldet nun
Zon. 415 B und Plut. Fab. 7.   Da nun seit dem Durchzug
durch das campanische Defilé erst ein und zwar ein für Hannibal ungünstiges Treffen geliefert worden ist, so kann Hannibal, wenn er vor dem Durchbruch alle Gefangenen hat er-
morden lassen, jetzt gar keine mehr besitzen, am wenigsten

15

überzählige beim Auswechseln. Vielmehr sind die Berichte
von der Auswechslung und von der vorherigen Ermordung
durchaus mit einander unverträglich und können nicht in einer
und derselben Quelle gestanden·haben, und es ist nur ein Beweis der schon oben zu Zon. 413 A angemerkten conciliato-
rischen Kritik des Dio, dass sich beide, sowohl der livianische
als der der Quelle des. Appian bei ihm vorfinden. Stammt
nun der livianische Bericht, welcher die Uneigennützigkeit
des Diktators Fabius so sehr hervorhebt, aus Fabius Pictor,
wie es innerlich wahrscheinlich und durch Liv. XXII. 7, 4 auch
äusserlich nahe gelegt ist, so folgt daraus, dass die Quelle für
die Ermordung der 5000 Gefangenen nicht Fabius Pictor sein
kann, und da sämmtliche von Dio über die Grausamkeit des
Hannibal berichteten Anekdoten durchaus gleichen Charakter
tragen, und durch das fast regelmässige Wiederkehren bei
Appian als aus einer einzigen Quelle geschöpft gesichert sind, so
folgt daraus, dass die Ueberlieferung, welche Dio ausser den
livianischen und Polybianischen Bestandtheilen enthält jedenfalls
nicht die des Fabius sei, wie Wilmans de fontibus et auctoritate
Dionis Cassii p. 3 im Anschluss an Niebuhr gemeint hatte [1]).
Die von Zon. 216 A—B berichtete Expedition des Gn.
Servilius Geminus wird angeführt von Liv. XXII. 31; allein
es fehlt bei ihm die Angabe ihres Zusammenhangs mit den
übrigen Ereignissen, und zugleich ist sein ganzer Bericht mit
auffallender Geringschätzung des Geminus abgefasst. Dagegen
erzählt den Zug mit derselben Motivirung wie Zonaras Polyb.
III. 96, bei ihm aber fehlt ein Aequivalent für die Worte des
Zonaras, τά τε τῶν Κυρνίων καὶ τὰ τῶν Σαρδονίων ἐν τῷ πα-
ράπλῳ ἐβεβαιώσατο, welche Livius vertritt XXII. 31, 1 circum-
vectus Sardiniae et Corsicae oram et obsidibus utrimque ac-
ceptis etc., so dass also hier wohl Contaminirung aus Livius
und Polybius vorliegt, wie Zon. 413 A aus Polybius und dem
Annalisten und 415 B aus dem Annalisten und Livius.

Es schliesst sich daran Dio's übliche Resumirung der
Lage der Dinge, dann ein Bericht über die Geschenke des

1) Vergl. hierzu C. Peter, zur Kritik der Quellen der älteren rö-
mischer Geschichte, Halle 1879, p. 151.

Hiero, der ein kurzes Exzerpt ist aus Liv. XXII. 37, daran angefügt ist eine Notiz über Münzverschlechterung ἐν ἀχρηματίᾳ ὄντες ὥστε τὸ ἀργυροῦν νόμισμα, ἀμιγὲς καὶ καθαρὸν γινόμενον πρότερον χαλκῷ προσμῖξαι. Die entdeckte Verschwörung in Rom 416 C ist aus Liv. XXII. 33, 1—3 entnommen. Dagegen weichen die Ereignisse in Spanien mehrfach ab. So hat das Seegefecht an der Ibermündung zwar Aehnlichkeit mit Polyb. III. 95 und mit Liv. XXII. 19, muss aber schon wegen des phantastischen Zuges 416 D ἰσοπάλως γὰρ ἀγωνιζομένων τὰ ἰστία τῶν νεῶν ὑπετέμετο, ὅπως ἀπογνόντες προθυμότερον ἀγωνίσωνται mindestens unter Zuziehung der mit effektvollem Detail erzählenden Annalistenquelle geschrieben sein. Die Erzählung vom Verrathe des Ἄβελος ist ein getreues Exzerpt aus Polyb. III. 99—100. Dagegen scheint die Prophezeiung des Ausgangs der Schlacht bei Cannae wieder aus der im phantastischen sich besonders gefallenden Annalistenquelle geflossen su sein. Es ist möglich, dass es dieselbe sei, aus welcher sie Liv. XXV. 12 in kurzem nachholt, doch hat Livius dort den leidigen Zusatz, das eine der beiden carmina des Marcius, und zwar gerade dasjenige, von welchem Dio redet, sei erst nach der Schlacht von Cannae aufgetaucht. Indess hat vielleicht die Quelle diesen Zusatz nicht in verdüchtigender Weise angebracht, oder es hat dem Dio sein Vertrauen zum Wunderbaren darüber hinweggeholfen, kurz, er erzählt die Prophezeiung gläubig, neben andern τέρατα, über welche vgl. Liv. XXII. 36. Die ethnographische Notiz über Apulien, welche Zonaras daran anschliesst, deckt sich, wie Haupt im Hermes XIV. 434 evident nachgewiesen hat, mit Dio fgt. 2, 3, das also hier einzuschalten ist, womit die Annahme, dass Dio seinem Werke eine Art von ethnographischer Uebersicht Italiens vorausgeschickt habe, hinfüllig wird. Im Grunde war diese Annahme schon ausgeschlossen durch Dio fgt. 2, 4 wo er wahrscheinlich bei Anlass des ersten Auftretens der Etrusker in der römischen Geschichte sagt: ταῦτα γὰρ καὶ προσῆκεν ἐνταῦθα τοῦ λόγου περὶ αὐτῶν γεγράφθαι, ἕτερα [δ' ἐπ'] ἄλλο τι καὶ αὖθις αὖ ἕτερον, ὅτῳ ποτ' ἂν ἡ διέξοδος τῆς συγραφῆς τὸ ἀεὶ παρὸν εὐτρεπίζουσα προστύχῃ, κατὰ καιρὸν εἰρήσεται, womit er also ein ähnliches Verfahren einzuhalten verspricht, wie das ist, welches Jordan für die origines des Cato nachgewiesen hat. Da er nun bei Anlass von Apulien vom Diomedesfelde spricht, und Strabo VI. 284 dieses ebenfalls erwähnt und zugleich die ältesten Bewohner Apuliens anführt, so wäre es möglich, dass Dio für diese eine Notiz den Strabo nachgeschlagen hätte. Möglich wäre es aber auch, dass die ethnographischen und sagengeschichtlichen Berichte des Timaeus, auf den Strabo hier nach Hunrath, die Quellen Strabo's im sechsten Buche, Cassel 1879, p. 29 sqq. zurückgeht, in die origines des Cato und aus diesem zu Dio gekommen seien, was zwei Indicien für sich hat: die Analogie der Einschaltung ethnographischer Excurse, und die Transskription Πεδίκουλοι in Dio fgt. 2, 3, wofür Strabo VI. 277 Ποίδικλοι setzt. Dio hat also jedenfalls noch eine lateinisch geschriebene ethnographische Quelle mit benützt, vgl. Zon. 435 C.

Die der Schlacht von Cannae vorhergehenden Maassregeln sind wesentlich aus Livius entnommen. Die Noth des Hannibal steht Liv. XXII. 40, die ersten Gefechte Liv. XXII. 41 wo jedoch der Zug fehlt ἑκὼν ὑπεχώρησεν ὅπως δεδιέναι νομισθείς etc. welchen dagegen Appian hat Hann. 18 ὑπεκρίνετο ἡττᾶσθαι, während bei Livius Hannibal wirklich besiegt wird. Die Kriegslist bei Zon. 417 C stimmt völlig genau überein mit Liv. XXII. 41, 6—9, ebenso ist Zon. 418 A—C = Liv. XXII. 43—48 dazwischen ist aber eingeschoben καὶ τὰ σώματα τῶν φονευομένων ἄνω πρὸ τῶν ταφρευμάτων ἐνέβαλλεν, ὅπως σφίσι τὸ ποτὸν δυσχεραίνηται welche Notiz so genau gleichen Charakter mit der von der Ermordung der 5000 Gefangenen zeigt, dass auch für sie nach den sub Zon. 415 B angeführten Gründen nicht Fabius die Quelle sein kann; vgl. App. Hann. 28.

Zon. 418 B: die fingirten Ueberläufer mit versteckten Schwertern hat Liv. XXII. 48, 2—5, die Schlachtbeschreibung ist resumirt aus Liv. XXII. 47—50, dass der sandbringende Wind auch wirklich eingetroffen sei, könnte bloser Schluss Dios aus den genommenen Massregeln sein, wenn nicht durch

den Zusatz καὶ προήροσε πάντα τὸν τόπον ὑπόψαμμον ὄντα die
Mitbenützung des ausmalenden Annalisten gesichert wäre, der
sich wohl auch den Wind nicht wird haben entgehen lassen.
Die Ueberlieferung von drei Scheffeln voll goldener Ringe,
welche Hannibal nach Karthago geschickt habe, kennt aber
verwirft Liv. XXIII. 12, 1. Es kennt sie auch Plin. H. N.
XXXIII. 1, 20, doch findet sich im index auctorum Niemand,
den man mit einiger Wahrscheinlichkeit für die stattliche
Reihe von Absurditäten könnte haftbar machen, mit welchen
die Dionische Darstellung verunziert ist.

Zon. 419. Der Rath Maharbals, gegen Rom zu ziehen,
stammt aus Liv. XXII. 51, 1—5. Die Erwähnung der Reue
Hannibals, es versäumt zu haben, scheint Dio nicht aus einer
der ihm gerade vorliegenden Quellen, sondern aus der Erinnerung an anderweitige Lektüre zu citiren, was sich aus dem
Umstande schliessen lässt, dass er diesen Seufzer ὦ Κάνναι
Κάνναι an verschiedenen Stellen anbringt, vgl. sub Zon. 426 D
und 433 D.

Scipio in Canusium bei Zon. 419 B ergänzt durch Dio
fgt. 57, 28—29 entwickelt noch mehr strategische Vorsorg-
lichkeit als selbst bei Liv. XXII. 53, wie denn überhaupt die
Lobpreisung der Scipionen ein durchgehender Zug der Annalistenquelle Dio's ist. Zon. 419 C sqq. sind Excerpt aus Liv.
XXII. 54—58; über die auf Textesverderbniss zurückgehende
Uebersetzung von praetextatos durch παρηβηκότας siehe oben
p. 6. Die Worte λῃστάς τέ τινας sind nachgetragen aus Liv.
XXIII. 14, 3 und die Worte καὶ ἐς τὴν Ἑλλάδα πεπόμφασιν
ἢ πείσοντές τινας συμμαχῆσαι αὐτοῖς ἢ μισθωσάμενοι scheinen
Dio's eigene Conjektur über die Sendung des Fabius Pictor
nach Delphi bei Liv. XXII. 57, 5 zu sein, denn wo er Ueberlieferung wiedergiebt pflegt er sich für eine Möglichkeit zu
entscheiden und nicht mehrere offen zu lassen.

Bei der Darstellung der Auslösung der Gefangenen ist
Polybius mitbenützt, wie dies hervorgeht aus der Wortähn-
lichkeit von Zon. 1. 1. ἐκέλευσεν αὐτοῖς π έ μ ψ α ι τινὰς ο ἴ κ α δ ε
ἐπὶ λ ύ τ ρ α προομόσαντας ἐ π α ν ή ξ ε ι ν mit Polyb. VI. 58
συνεχώρησε δ ι α π έ μ π ε σ θ α ι σφίσι τοὺς ἐν ο ἴ κ ῳ περὶ λύ-

τ ρ ω ν — ὁρκίσας ἢ μὴν ἐπανήξειν, und der Gedankenähn-
lichkeit von Zon. ibid. ἵν᾽ ἑαυτὸν εὐπορώτερον ἐντεῦθεν ποιήσῃ,
τοὺς δὲ ῾Ρωμαίους ἀπορωτέρους mit Polyb. VI.
58, 9 συνιδόν-
τες τὴν ᾽Αννίβου πρόθεσιν, ὅτι βούλεται διὰ τῆς πράξεως ταύ-
της ἅμα μὲν εὐπορῆσαι χρημάτων etc. wobei man zugleich sieht,
um wie viel freier Polybius als Livius benützt ist, was übrigens schon die maasslose Breite des Polybius mit sich brachte.
Die Erzählung der raffinirten Grausamkeit, mit der sich
Hannibal an den Gefangenen für die Abweisung seiner An-
träge durch den Senat gerächt haben soll, fehlt bei Livius
Dank seinem guten Geschmack, der ihn alle diese Henkers-
geschichten hat streichen lassen, so dass sich bei ihm für die
unmenschliche Grausamkeit, die er Hannibal in der Gesammt-
charakteristik zuschreibt, eigentlich kaum Belege auffinden
lassen, geschweige bei Polybius. Dagegen kennt sie Appian
Hannib. 28 und 63 und noch ausführlicher Diodor XXVI. 14,
2 ed. Dindorf, der also ebenfalls nicht, oder doch nicht ausschliesslich, Fabius benützt hat, und bei dem man zugleich
erfährt, wie überaus edel und pietätsvoll sich die gefangenen
Römer bei diesem Anlass benommen haben. Mit Schluss von
420 A kehrt Zonaras wieder zu Livius XXII. 61, 8—10 zurück. 420 B = Liv. XXIII. 11, 7 sqq., die zweite Hälfte
von B und die erste von C = Liv. XXIII. 1, der Schluss von
C und ganz D = Liv. XXIII. 3, daran angeschlossen Liv.
XXIII. 10, 1—3.

Nicht nach Livius erzählt ist die Belagerung von Nuceria,
von welcher Liv. XXIII. 15, 3—5 vielleicht dieselbe Quelle
retouschirend behauptet, seine Einwohner hätten sich gerettet,
während Zon. 421 das Gegentheil erzählt ebenso wie Appian,
nämlich τοὺς μὲν βουλευτὰς ἐς βαλανεῖα κατακλείσας ἀπέπνιξε,
τοῖς δ᾽ ἄλλοις ἀπελθεῖν εἰπὼν ὅπῃ βούλοιντο, πολλοὺς ἐν τῇ
ὁδῷ κἀκείνων ἐφόνευσε συχνοὶ δ᾽ οὖν αὐτῶν καὶ περιεγένοντο
εἰς ὕλας προκαταφυγόντες = App. Lib. 63 οὗτοι Νουκερίαν
ὑπήκοον ἡμῶν ἐπὶ συνθήκῃ λαβόντες, καὶ ὀμόσαντες σὺν δύο
ἱματίοις ἕκαστον ἀπολύσειν, τὴν μὲν βουλὴν αὐτῶν ἐς τὰ βαλανεῖα συνέκλεισαν καὶ ὑποκαίοντες τὰ βαλανεῖα ἀπέπνιξαν, τὸν δὲ
δῆμον ἀπιόντα κατηκόντισαν. Ebenso steht es mit Acerrae

2*

Zon. 421 B ἀποκρουσθεὶς δὲ τῆς Νώλης ᾿Ακερρανοὺς εἶλε λιμῷ ἐπὶ ταῖς αὐταῖς τοῖς Νουκερίνοις συνθήκαις καὶ τὰ αὐτὰ εἰργάσατο εἰς αὐτοὺς vgl. Dio fgt. 57, 34 ὅτι τὰ αὐτὰ ἐποίησε καὶ τοῖς Νουκερίνοις πλὴν καθ᾿ ὅσον ἐς φρέατα καὶ οὐκ ἐς βαλανεῖα ἐνέβαλεν wozu wiederum das Gegenstück bei App. Lib. 63 ᾿Αχερρανῶν δὲ τὴν βουλὴν ἐν σπονδαῖς ἐς τὰ φρέατα ἐνέβαλον καὶ τὰ φρέατα ἐνέχωσαν. Die Belagerung von Casilinum berichtet im Wesentlichen mit Zon. 421 C übereinstimmend Liv. XXIII. 17, 8—18, 10, wo aber der Zug fehlt ἐπ᾿ ἀσκοῦ τινα διὰ τοῦ ποταμοῦ ἔπεμψαν und ebenso ein Aequivalent für τὸ ἕτερον τῆς πόλεως μέρος ἐξέλιπον καὶ τῷ λοιπῷ διεκαρτέρουν, τὴν γέφυραν διακόψαντες, so dass auch dieser Bericht auf den Annalisten zurückzuführen ist.

Zon. 422 A: das gegen Junius Brutus von Hannibal angewendete Stratagem, das viel Aehnlichkeit hat mit dem des Cleomenes bei Herodot VI. 78, berichtet weder Livius noch Appian, aber genau übereinstimmend Frontin II. 5, 25. Die Worte τὰ δ᾿ ἐν τῇ Σικελίᾳ καὶ τῇ Σαρδοῖ ἐκινεῖτο decken sich mit Liv. XXIII. 21, die Consulwahl steht Liv. XXIII. 24, der Untergang des Albinus, sammt dem Stratagem der Bojer die Römer unter einem ganzen Wald von angesägten Bäumen zu begraben, stammt aus Liv. XXIII. 24, 6—11, die Worte οὖ τὴν κεφαλὴν ἀποτεμόντες οἱ βάρβαροι καὶ ἐκκαθάραντες καὶ περιχρυσώσαντες πρὸς τὰ ἱερὰ αὐτῶν ἀντὶ φιάλης ἐκέχρηντο entsprechen genau Liv. XXIII. 24, 11—12 spolia corporis caputque praecisum ducis Boi ovantes templo quod sanctissimum est apud eos, intulere. purgato inde capite ut mos iis est, calvam auro caelavere, idque sacrum vas iis erat quo solemnibus libarent, poculumque idem sacerdotibus ac templi antestitibus, welche Stelle als Beweis dienen kann, wie gewissenhaft Dio überliefertes sachliches Detail wiedergiebt ohne irgend welche eigenen Ausschmückungen; die Willkürlichkeit, die man ihm oft zu Vorwurf gemacht hat, betrifft nur die Verknüpfung der Ereignisse, die er besser zu durchschauen glaubt, als es seine Quelle gethan habe.

Die zweite Hälfte von Zon. 422 C scheint Excerpt aus Liv. XXIII. 18, 10—16; dem Annalisten gehört die Notiz,

dass Hannibal nach dem in Kapua verschwelgten Winter vor
Beginn des Krieges ἐς ὀργή μετέστη καί ἐγύμναζε τὸ στράτευμα,
ebenso die Iberer, welche vor Nola zu den Römer übergehen,
und welche sich wiederfinden bei Plut. Marc. XII. 3—6.
Zon. 423 A—C: das ganze Material stammt aus Livius,
der in folgender Reihenfolge benützt ist: XXIII, 28, 7—29,
XXIII. 32, 5, XXIII. 27, 9, XXIV. 41, XXIV. 48, XXIV. 49,
XXIV. 42. Dio hat also die hier bei Livius in Folge der annalistischen Darstellung zerschnittenen Ereignisse zu sachlichen
Gruppen nach dem Muster der Darstellung des Polybius sich
zusammengesucht. Mit 423 C folgt sodann überaus albernes
Detail über die Spielsachen, welche Scipio aus Spanien nach
Hause schickt und die Notiz, er habe des Oberbefehls ent-
bunden sein wollen, um seiner Tochter eine Aussteuer beschaffen
zu können. Von allem · dem hat Livius verständiger Weise
nichts, dagegen das letztere Val. Max. IV. 4, 10 secundo Pu-
nico bello Cn. Scipio ex Hispania senatui scripsit, petens ut
sibi successor mitteretur, quia filiam virginem adultae jam
aetatis haberet neque ei sine se dos expediri posset. Dieser
Bericht ist deshalb schon von vorn herein nicht wahr, weil
er blos eine in der Motivirung etwas variirte Verdoppelung
einer von Regulus erzählten Anekdote ist, die sich bei Liv.
per. XVIII. findet, und wohl aus Livius bei Val. Max. IV.
4, 6 wo Regulus dem Senat schreibt ideoque petere ut sibi
successor mitteretur, ne deserto agro non esset unde uxor ac
liberi sui alerentur. Dass auch sonst gerade Regulus als rö-
mischer Musterheld mit Vorliebe als Schablone benützt worden ist, um Heldenthaten der Scipionen darnach anzufertigen,
beweist Dio fgt. 57, 63 wo erzählt wird, wie beim Aufschlagen
des Lagers des Scipio Africanus auf karthagischem Boden δρά-
κων παρ' αὐτὸ μέγας διὰ τῆς ἐπὶ τὴν Καρχηδόνα φερούσης ὁδοῦ παρ-
είρπυσεν, was offenbar nichts als die wiederauftauchende Schlange
des Regulus ist, die man nach Val. Max. VIII. ext. 19 (vgl.
Liv. per. XVIII. Plin. N. VIII. 37 und den wörtlich damit
übereinstimmenden Zon. 390 D) schliesslich mit Ballissten
hatte umbringen müssen.

Die erste Hälfte von Zon. 423 D stammt aus Liv. XXIII.

40—41, die zweite aus Liv. XXIII. 33—34, 10, die erste Hälfte von Zon. 424 A aus Liv. XXIII. 38, 10—12, die zweite aus Liv. XXIV. 40. Der Sieg über Hanno bei Beneventum ist aus Liv. XXIV. 14—16 entnommen.

Zon. 424 C die Worte Φάβιος μὲν τά τε ἐκείνων τά τε τοῦ Σαυνίου κατέτρεχε, Μάρκελλος δὲ εἰς τὴν Σικελίαν ἐπεραιώθη καὶ τὰς Συρακούσας ἐπολιόρκει, προσχωρησάσας μὲν αὐτῷ, εἶτ' ἀποστάσας ὀλίῳ τινῶν ὑπὸ ψευδοῦς ἀγγελίας ist in Kürze und mit Weglassung der Ereignisse in Syrakus selbst excerpirt aus Liv. XXIV, 24—30, in welch letzterem Kapitel auch die Wirkung der angeblich falschen Nachricht der Ausmordung von Leontini durch die Römer steht.

Unter den Vertheidigungsanstalten des Archimedes steht nicht bei Livius das Heraufholen von Menschen, wohl aber bei Polyb. VIII. 9, 4 σὺν αὐτοῖς γὰρ τοῖς ὅπλοις τοὺς ἄνδρας ἐξαιροῦντες ἐρρίπτουν. Nun hat aber Zonaras ausserdem noch die berüchtigte Verbrennung der Schiffe durch Spiegel, und zwar setzt er sie vor die Theilung der Belagerungsarmee zwischen App. Claudius Pulcher und Marcellus. Nun geht aber das fgt. des Polyb. VIII. 9 (ed. Hultsch) bis zur Ausführung eben dieser Theilung, und erzählt nichts davon. Wenn aber Polybius hievon schweigt, so kann die Sache überhaupt nicht wahr sein, und da auch Plutarch davon schweigt, so kann sie auch nicht bei Posidonius gestanden haben, dessen Berichte — ob aus Excursen seiner Fortsetzung des Polybius, oder aus einer besondern Biographie des Marcellus geschöpft lässt Müller F. H. G. III. 270 zu fgt. 43 offen — Plutarch verwendet hat. Da übrigens die Thatsache, dass Dio die Verbrennung berichtet hat, durch Zonaras ausser Zweifel steht, so dürfte es richtiger sein, den ausführlicheren Bericht über die dabei angewandte Spiegelvorrichtung bei Tzetzes Chil. II. 119, der für diese Biographie des Archimedes v. 149 Dio und Diodor citirt, unter die Fragmente des Dio aufzunehmen, statt blos unter die des Diodor wie es L. Dindorf gethan hat. Er lautet:

ἐξάγωνόν τι κάτοπτρον ἐτέκτηνεν ὁ γέρων
ἀπὸ δὲ διαστήματος συμμέτρου τοῦ κατόπτρου
μικρὰ τοιαῦτα κάτοπτρα θεὶς τετραπλᾶ γωνίαις

κινούμενα λεπίσι τε καί τισι γιγγλυμίοις
μέσον ἐκεῖνο τέθεικεν ἀκτίνων τῶν ἡλίου
μεσημβρινῆς καὶ θερινῆς καὶ χειμεριωτάτης.
ἀνακλωμένων δὲ λοιπὸν εἰς τοῦτο τῶνἀκτίνων
ἔξαψις ἤρθη φοβερὰ πυρώδης ταῖς ὁλκάσι,
καὶ ταύτας ἀπετέφρωσεν ἐκ μήκους τοξοβόλου.
οὕτω νικᾷ τὸν Μάρχελλον ταῖς μηχαναῖς ὁ γέρων.
Der Inhalt von Zon. 425 A wird erwähnt Liv. XXIV.
35, τὸν Ἀκράγαντα κατέσχε καὶ τὴν Ἡράκλειαν = adveniens
Heracleam intra paucos inde dies Agrigentum recepit; nichtlivianisch ist καὶ τοῦ Μαρχέλλου αὐτῷ προσπεσόντος αὖθις ἐνι-
κήθη. Dann folgt die bei Dio übliche Uebersicht des Inhalts
des kommenden Abschnittes. Mit οἵ τε γὰρ ὕπατοι πρὸς τῇ
Καπύῃ ἔπταισαν ist Liv. XXV. 19 gemeint, mit καὶ ὁ Γράχχος
ἐν τῇ Λευκανίᾳ ἀπώλετο Liv. XXV. 16, mit καὶ οἱ Ταραντῖνοι
καὶ ἄλλοι πόλεις ἀπέστησαν Liv. XXV. 9—10; Ἀννίβας ἐπὶ
τὴν Ῥώμην ἐστράτευσε greift vor auf Liv. XXVI. 9; καὶ οἱ
Σκιπίωνες ἄμφω διώλοντο = Liv. XXV. 34—36; καὶ ἦλθε μέχρι
Βενεβεντοῦ = Liv. XXV. 19, Zon. 425 C = Liv. XXV. 23—24,
in D entsprechen ὁ οὖν Μάρχελλος τὰ ἐαλωχότα διήρπασε
καὶ τοῖς μὴ ἁλοῦσι προσέβαλε Liv. XXV. 25; und καὶ σὺν πόνῳ
μὲν καὶ χρόνῳ (was wohl Abkürzung des Zonaras für eine
breitere Darstellung des Dio ist) ἔμως δ' οὖν καὶ τῶν λοιπῶν
τῆς Συραχούσης ἐκράτησεν = Liv. XXV. 26—31.

Nicht livianisch ist die Antwort des Archimedes an seine
Mitbürger, die ihn vom Andringen der Römer benachrichtig-
ten παρ' κεφαλὰν ἀλλὰ μὴ παρὰ γραμμάν, und ihre dorische
Form ist ein neuer Beweis dafür, dass die anekdotenhafte
Annalistenquelle, deren sich Dio bedient, griechisch geschrieben ist. Dass sie nicht etwa aus Polybius stamme, beweist
ihr Fehlen bei Plutarch, welcher die Anekdoten über Archimedes mit besonderer Sorgfalt gesammelt, und, wie aus Comp.
Pel. & Marc. c. 1 hervorgeht, den Bericht des Polybius über
die Feldzüge des Marcellus gekannt hat.

Zon. 426 A = Liv. XXVI. 21—22; 426 B = Liv. XXVI.
7—8; Zon. 426 C—D = Liv. XXVI. 11, mit dem blos sti-
listischen Unterschiede, dass, während Livius hinzufügt audi-

taque vox Hannibalis fertur, potiundae sibi urbis Romae modo
mentem non dari, modo fortunam, Dio den ihm stets gegen-
wärtigen Seufzer 'Ω Κάνναι, Κάνναι einsetzt.
Zon. 427 A hat keine sachlichen Differenzen von Liv.
XXVI. 12—13. Die Notiz ὁ γὰρ Κλαύδιος ἔφθη τεθνηκὼς ἐκ
τοῦ τραύματος kann aus Liv. XXVI. 16 init: mortuum App.-
Claudium sub deditionem Capuae quidam tradunt nachgetragen
sein. Zon. 427 B—D = Liv. XXVI. 14—16; dazugefügt
ist τοὺς δὲ ἐς τὴν Ῥώμην ἔπεμψε, das folgende = Liv. XXVI.
27—32. 427 D stellt die Beschwerdeführung der Kampaner
um vieles gehässiger dar als Liv. XXVI. 33—34, der überall
gemildert zu haben scheint; Dio's Notiz über Atella ist gerade das Gegentheil von Liv. XXVI. 16. Ebensowenig livianisch ist die Aussendung des Carthalo und die Verweigerung
des Zutritts Seitens der Römer bei Zon. 428 A. Dagegen ist
die zweite Hälfte von 428 A = Liv. XXVI. 23—25; 428 B
fast wörtlich aus Liv. XXVI. 17; Zon. 428 C—D = Liv.
XXVI. 18—20. Dann folgt die übliche Resumirung der Lage
der Dinge durch Dio; 429 B = Liv. XXVI. 38; 429 C =
Liv. XXVI. 40; aber 429 C—430 A stammen nicht aus Livius, sondern aus der Nebenquelle, und zwar kann man aus
der Stellung in welcher in der zweiten Hälfte von 430 A die
Einnahme von Tarent css. Fabio V Flacco IV berichtet wird,
und aus dem Umstand, dass Zonaras eine Periode des Zögerns
des Scipio angiebt, schliessen, dass Dio hier einen derjenigen
Annalisten vor sich hat, deren Meinung Liv. XXVII. 7 verwirft, wenn er sagt: Carthaginis expugnationem in hunc annum (208 a. Ch.) contuli multis auctoribus, haud nescius quosdam esse qui anno insequenti captam tradiderint, quod mihi
minus simile veri visum est, annum integrum Scipionem nihil
gerundo in Hispania consumpsisse.
Zon. 430 B—C ist aus Liv. XXVI. 48—50 entnommen.
Zon. 430 D aus der Nebenquelle. Es kommen Eilboten vor,
δρομοκήρυκες, welche der vorsorgliche Scipio nach Rom schickt,
Beweis, dass wir immer dieselbe Quelle vor uns haben, welche
Zon. 423 C alles, was Cn. Scipio nach Rom schickt mit kin-
discher Wichtigthuerei detaillirt hat. Mit 431 D beginnt

wieder ein Exzerpt aus Livius, das mit wenigen Einschaltungen fortgeht bis p. 436, von wo an für die Vorgänge in Libyen die romanhafte Annalistenquelle die Oberhand erhält, welche sich überhaupt ausserhalb Italiens viel bemerklicher macht. Zon. 431 D—432 A entspricht Liv. XXVII. 21—27. Darein eingeschaltet ist ein wirklicher Erfolg, welchen Hannibal mit dem Ringe des Marcellus gehabt haben soll, was Livius, allerdings mit mehr Wahrscheinlichkeit, läugnet. Sodann ist, und zwar zum Theil wörtlich, entlehnt Zon. 432 B aus Liv. XXVII. 27—33, Zon. 432 C aus Liv. XXVII. 33—35 und 46; Zon. 432 D aus Liv. XXVII. 41—43, Zon. 433 A aus Liv. XXVII. 43—47, Zon. 433 B aus Liv. XXVII. 47—48, Zon. 433 C aus Liv. XXVII. 49—50, Zon. 433 D aus Liv. XVII. 51 nur mit dem Unterschiede, dass hier Dio ebenso wie bei Zon. 426 D statt der Worte des Livius Hannibal tanto simul publico familiarique ictus luctu, agnoscere se fortunam Carthaginis fertur dixisse eingesetzt hat πολλὰ μὲν ὠλοφύρατο, πολλάκις δὲ καὶ τὴν τύχην καὶ τὰς Κάννας ἀνεκάλεσε (vgl. auch Zon. 419 A).

Nun sind ja solche Apophtegmen durchweg verdächtig, weil der Mensch in Augenblicken der Erregung am wenigsten geeignet ist, um sinnreiche Worte auszusprechen. Dieser Ausruf ὠ Κάννα: Κάννα: qualifizirt sich aber ausserdem noch als fingirten durch den Umstand, dass in den Operationen Hannibals nach der Schlacht von Cannae gar kein solcher Unterlassungsfehler liegt, wie Th. Mommsen nachgewiesen hat R. G. I. p. 613 ed. VI. Für welchen Anlass Dio's Quelle den Ausruf erfunden hatte, ist nicht leicht auszumachen; an die hier vorliegende Stelle passt er am allerschlechtesten, denn zwischen dem Anblick des abgehauenen Kopfes eines Bruders und der Schlacht von Cannae gibt es überhaupt keine vernünftige Verbindung. Vielleicht gehörte er ursprünglich an gar keine der drei Stellen an welchen ihn Dio citirt, sondern war berechnet auf den Moment der Abfahrt Hannibals von Italien, wo ein Rückblick auf das nicht errungene am ehesten Sinn hat, und dafür geben auch einen Anhalt die Worte des Livius XXX. 20 respexisse saepe Italiae litora et deos hominesque accusantem in se quoque ac suum ipsius caput exsecratum quod non cruentum ab Canensi victoria militem Romani duxisset wobei freilich diese umständlichen Verwünschungen an rhetorischem Werth hinter dem einen Worte Dio's weit zurückstehen. Zon. 433 D: ὁ δὲ Σκιπίων μέχρις ἂν πάντα τὰ ἐν τῇ Ἰβηρίᾳ καταστήσῃ ἄρχειν τῶν ἐκεῖ προσετάχθη kann nachgeholt sein aus Liv. XXVII. 7 non in annum Scipioni Silanoque sed donec revocati ab senatu forent prorogatum imperium est. Zon. 434 A stimmt überein mit Liv. XXVIII. 18—19, bietet aber dazu die neue Notiz, dass Scipio selbst beim Sturm auf Ilitergita sei verwundet worden, was immer auf dieselbe Annalistenquelle hinweist. Zon. 434 B deckt sich mit Liv. XXVIII. 20—21. Zon. 434 C = Liv. XXVIII. 24 und fügt noch die, vielleicht erst durch Kürzungen des Zonaras unklar gewordene Notiz hinzu καὶ ὁ Μάγων ἐκλιπεῖν ἤδη τὰ Γάδειρα βουληθεὶς οὐκ ἐξέλιπε, καὶ ἐς τὴν ἤπειρον διαβαίνων πολλὰ ἐκακούργει. Zon. 434 D = Liv. XXVIII. 25. Zon. 435 A = Liv. XXVIII. 26. Zon. 435 B = Liv. XXVIII. 29, doch heisst es hier ὡς δέ τινες τῶν παρεστηκότων ἀγανακτήσαντες ἐθορύβησαν συχνοὺς καὶ ἐκείνων ἐκόλασε was zurückgeht auf die Quelle Appian's Iber. 36 τοὺς συστρατιώτας βοηθῆσαι σφίσι παρακαλούντων τοὺς ἐπιφθεγγομένους εὐθὺς ἔκτειναν οἱ χιλίαρχοι, welche den Befehl dazu im Voraus erhalten hatten c. 35 προσέταξε δὲ καὶ τοῖς χιλιάρχοις τοὺς πιστοτάτους ἕκαστον ἀφανῶς ἅμα ἓῳ ξιφήρεις ἔχειν, καὶ τὰ εὔκαιρα τῆς ἐκκλησίας ἐκ διαστήματος διαλαβόντας, ἤν τις ἐπανίστηται κατακεντεῖν καὶ κατακαίνειν αὐτίκα ἄνευ παραγγέλματος welchen Bericht Livius wahrscheinlich im Interesse der Reputation der römischen Mannszucht retouschirt hat zu adeo torpentibus metu qui aderant, ut non modo ferocior vox adversus atrocitatem poenae, sed ne gemitus quidem exaudiretur. Zon. 435 C = Liv. XXVIII. 31—36. Zon. 435 D = Liv. XVIII. 37. Daran schliesst sich ein Exkurs über die Balearen, und da in demselben gesagt wird, man nenne sie τὴν μὲν Ἔβεσον, τὴν δὲ μείζω, μικροτέραν δὲ τὴν τρίτην φερωνυμώτατα, so beweist dies, dass Dio's chorographische Quelle eine lateinische ist (vgl. 417 B), welche die Namen Majorica und Minorica in derselben Weise etymo-

logisirt wie Isidor Etym. XIV. 6, 44, wobei freilich nicht mit
völliger Sicherheit beweisbar ist, ob nicht der ganze Excurs
abhängig sei von Livius, der im lib. LX. die Balearen ziemlich ausführlich scheint geschildert zu haben laut der periocha.
Mit dem lybischen Schauplatz beginnt sodann wieder die
ausmalende Annalistenquelle zu dominiren. Dass es stäts die
bisher benützte sei, zeigt die überschwängliche Schilderung der
Sophonisbe und die Erwähnung des Neides gegen Scipio 436 B:
οἱ δ' ἐν τῇ Ῥώμῃ τὰ μὲν φθόνῳ τῶν κατορθωμάτων αὐτοῦ,
τὰ δὲ φόβῳ μὴ ὑπερφρονήσας τυραννήσῃ ἀνεκαλέσαντο αὐτόν.
Die Unternehmungen gegen Philippus Zon. 436 D stimmen
überein mit Liv. XXVIII. 5—12, wie sich noch deutlicher
zeigt bei Heranziehung von Dio fgt. 57, 57—60; jedoch sind
die daselbst aufgeführten Prodigien vollständiger als bei Livius, welcher das Schwitzen der Thüre des Poseideums und
das Auftauchen einer Frau mit Hörnern nicht kennt, worüber
vgl. sub. Zon. 408 D. Ob Zon. 436 D aus Livius stamme
bleibt ungewiss; zwar die Konsuln für 205 stehen auch bei
Liv. XXVIII. 38, und der Gedanke, die Ueberfahrt Scipios
nach Afrika geschehe um Hannibal zum Wegzug aus Italien
zu zwingen, kommt auch bei Liv. XXVIII. 42 vor, aber bei
ganz anderm Anlass, nämlich in der Rede des Fabius, und
liegt überdies so nahe, dass er nicht persönliches Eigenthum
des Livius zu sein braucht, und da auch hier wieder der Neid
gegen Scipio herbeigezogen wird διὰ τὰς ἀριστείας φθονούμενος
so dürfte wohl der ganze Abschnitt dem Annalisten zuzuweisen
sein. Die Vorbereitungen Scipios auf Sizilien können aus Liv.
XXIX. 1 geschöpft sein; die Einnahme Locri's steht der Sache
nach bei Liv. XXIX. 6—9; doch ist der Bericht des Zon. 437
B ἐπιτρέψας τὴν πᾶσαν πόλιν δύο χιλιάρχοις ἀνέπλευσεν in so-
fern ungenau, als gerade diese zwei Tribunen die von Plemi-
nius vorzugsweise gemisshandelten und nichts weniger als etwa
selbst Statthalter sind. Doch möchte diese Differenz wohl
durch ein bloses Versehen des Zonaras zu erklären sein, der
etwa flüchtig abgekürzt hätte, denn dass er hier manches gestrichen hat, zeigt der Umstand, dass auch von den in Rom
geführten Beschwerden und von dem Einschreiten gegen Scipio,

das für Dio durch fgt. 57, 62 (aus Liv. XXIX. 19 geschöpft)
gesichert ist, sich nichts bei ihm vorfindet. Die übrigen in
437 B—C sich vorfindenden nichtlivianischen Notizen sind
sachlich und bestimmt und können nur in einer sehr ausführlichen annalistischen Quelle gestanden haben. Zon.
437 D: die politische Combination dass Syphax,
von den Karthagern beredet, dem Massinissa mit hinterlistiger
Absicht Concessionen macht, um ihn auf der karthagischen
Seite festzuhalten, geht zurück auf die Quelle des dieselbe
Sache kürzer erwähnenden Appian Lib. 13 Καρχηδόνιοι δὲ
καὶ Σύφαξ — ἔγνωσαν ἐν τῷ παρόντι ὑποκρίνασθαί τε Μασσα-
νάσσην μέχρι ὅτου Σκιπίωνος ἐπικρατήσαιεν. ὁ δ' οὐκ ἠγνόει
μὲν ἐξαπατώμενος, ἀντενεδρεύων δὲ κ. τ. λ.
Das Stratagem des Scipio bei Zon. 438 A, welcher dem
abrathenden Brief des Syphax den Soldaten gegenüber den
entgegengesetzten Inhalt unterschiebt, enthält nichts, weshalb
es nicht aus Liv. XXIX. 24 geflossen sein könnte, dagegen
das unglückliche Gefecht des von Massinissa in einen Hinter-
halt gelockten Hanno hat allein Anklang an App. Lib. 14,
so auch in dem sonst nicht erwähnten Schluss bei Zonaras
πολλοὶ δὲ καὶ ἑάλωσαν καὶ ὁ ''Αννων αὐτός. διὸ ὁ 'Ασδρούβας
τὴν μητέρα τοῦ Μασσινίσσου συνέλαβε καὶ ἀνταπεδότησαν ver-
glichen mit App. l. l. Μασσανάσσης ἀπῄντα τῷ ''Αννωνι κατὰ
σπουδὴν ὡς φίλος ἐπανιών, καὶ συλλαβὼν αὐτὸν ἀπῆγεν πρὸς τὸ
τοῦ Σκιπίωνος στρατόπεδον, καὶ ἀντέδωκεν 'Ασδρούβᾳ τῆς μη-
τρὸς τῆς ἑαυτοῦ, und eine weitere Uebereinstimmung liegt in
Zon. ibid. οἱ δὲ 'Ρωμαῖοι καὶ ἐλήίζοντο τὴν χώραν καὶ συχνοὺς
τῶν ἐκ τῆς 'Ιταλίας ὑπὸ τοῦ 'Αννίβου πρὸς τὴν Λιβύην πεμφ-
θέντων ἀνεκομίσαντο mit App. Lib. 15 init. Σκιπίων δὲ καὶ
Μασσανάσσης τὴν χώραν ἐπόρθουν καὶ 'Ρωμαίων ἐξέλυον ὅσοι
δεθέντες ἔσκαπτον ἐν τοῖς ἀγροῖς, ἐξ 'Ιβηρίας ἢ Σικελίας ἢ ἀπ'
αὐτῆς τῆς 'Ιταλίας πεμφθέντες ὑπὸ 'Αννίβου.
Die Vermittlungsversuche des Syphax und die Ausbeutung
derselben durch Scipio Zon. 438 C stimmen überein mit Liv.
XXX. 3, der aber c. 4 über den Abbruch der Verhandlungen
anders berichtet als Zonaras, welcher hier noch einen Mord-
versuch des Syphax gegen Massinissa aufweist, also immer

auf dieselbe fanatisch römische Märchenquelle zurückgeht. Scipios nächtliches Ueberfallen des Lagers Hasdrubals bei Zon. 438 D stimmt zum grossen Theil überein mit Polyb. XIV. 4, 6 ed. Hultsch. Dagegen weicht der Schluss desselben von ihm ab, indem Zon. 438 A die Keltiberer am folgenden Tage mit den Römern sich schlagen lässt, Polyb. XIV. 7, 9 erst dreissig Tage nachher und durchaus nicht ἀπροσδόκητοι. Auch hier liegt also der weniger nüchterne Bericht des Annalisten vor, ebenso wie im folgenden für den Angriff der Karthager auf die römischen Transportschiffe im Hafen von Utica, wofür weder Liv. XXX. 9—10 noch Polyb. XIV. 10 völlig ausreichen.

Die Einsetzung Hanno's in den Oberbefehl, die Absetzung Hannibals und dessen Werbungen auf eigene Faust stehen ausser Zon. 429 B wiederum nur bei App. Lib. 24 und ebenso steht die Entdeckung der Verschwörung im Lager des Scipio Zon. 439 C nur noch bei App. Lib. 29—30, und da bei ihm einer der abenteuerlichsten Berichte des Zonaras fehlt, so ist auch hier die Annahme seiner direkten Benützung durch Dio ausgeschlossen. Er berichtet nämlich blos Σκιπίωνι δὲ θυομένῳ κίνδυνον τὰ ἱερὰ ἐδήλου während Zonaras bei diesem Anlass noch eine besondere Prophetenthätigkeit der Mutter des Massinissa kennt.

Die Gefangennehmung des Syphax erzählen noch Liv. XXX. 12 und App. Lib. 26, beide mit demselben Nebenumstande, dass sein Pferd ihn abgeworfen habe. Appian, der hier am ausführlichsten ist, giebt auch noch die Zahl der Gefallenen, 75 auf Seite der Römer, 10000 auf Seiten des Syphax, Zahlen, welche die Hypothese, dass Juba hier Quelle Appians sei, nicht empfehlen.

Von 439 D—440 B berichtet Zonaras das Ende der Sophonisbe. Erst wird sie in einer sentimentalen Begegnungsscene mit Massinissa aufgeführt, dann folgt 440 A eine Unterredung des letzteren mit Scipio, welche ungefähr das in direkter Rede wiedergiebt, was Liv. XXX. 13 in indirekter gesagt hat, mit 440 B überreicht ihr Massinissa persönlich das Gift mit mancherlei Redeblumen.

Dass der gefangene Syphax nach Alba in Gewahrsam gekommen sei, erzählt ebenso Liv. XXX. 17. Hingegen die Nachricht τῷ δὲ Οὐερμίνᾳ τὴν βασιλείαν τοῦ πάτρος ἐπεκύρωσαν καὶ τοὺς ζωγρηθέντας Νομάδας ἐχαρίσαντο bei Zon. 440 C erscheint nach der übrigen Ueberlieferung als ein doppeltes Versehen des Dio. Denn nach App. Lib. 26 werden die gefangenen Numidier nicht vom Senat verschenkt, sondern von Laelius, und nicht an Vermina, sondern an Massinissa, der sie abschlachtet; und nach App. ibid. wird mit Syphax blos ὁ ἕτερος αὐτοῦ τῶν υἱῶν gefangen, und nach App. Lib. 33 ist Οὐερμινᾶς Σύφαχος υἱὸς ἕτερος nicht der gefangene, sondern frei und stösst zu Hannibal, und nach Liv. XXXI. 11 ist Vermina noch im Jahre 200 mit den Römern im Krieg und erhält auf sein Gesuch um ein Bündniss den Bescheid, erst müsse Friede geschlossen sein, ehe man hierüber reden könne. Dio scheint also thatsächlich den gefangenen nach Rom gebrachten einen Sohn des Syphax mit Vermina verwechselt, und eine Freilassung desselben durch die Römer aus der Thatsache seiner Freiheit und seines Machtbesitzes erschlossen und dieses erschlossene Ereigniss ohne auch nur die Andeutung eines Zweifels wie ein überliefertes mitgetheilt zu haben.

Das Entgegenkommen der Karthager bei Zon. 440 D weicht ab von Liv. XXX. 21, und fehlt bei App. Lib. 31. Da es aber innerlich nicht unwahrscheinlich ist, so bleibt ungewiss, ob es etwa aus Polybius oder aus der mit Appian gemeinschaftlichen Quelle stamme, denn dass alle Anstalten der Karthager blos den Zweck gehabt hätten Zeit zu gewinnen, wie dies Zon. 441 A ausführt, ist ein Gesichtspunkt, welcher wenigstens angedeutet wird bei App. Lib. 31 ἡγούμενοι τούτων πάντως ἑνὸς τυχεῖν, ἢ τὴν εἰρήνην ἕξειν ἢ χρόνον διατρίψειν ἕως ἀφίκοιτο ὁ Ἀννίβας.

Dass Scipios Gesandte Nachstellungen von den Karthagern zu erleiden hatten, erzählt auch App. Lib. 34, insofern erweislich übertreibend, als er sagt καὶ τῶν πρέσβεών τινες ἐκ τῶν τοξευμάτων ἀπέθανον, während es bei Polyb. XV. 2, 15 blos heisst τῶν μὲν οὖν ἐπιβατῶν οἱ πλεῖστοι διεφθάρησαν, οἱ δὲ πρεσβευταὶ παραδόξως ἐξεσώθησαν vgl. Liv. XXX. 25; allein bei allen fehlt die Erwähnung des plötzlich sich erhebenden rettenden Windes, es liegt also auch hier der übliche Annalist vor.

Der Bericht des Zon 441 B, dass Hasdrubal zum Selbstmord durch Gift sei getrieben worden hat wiederum als einzigen Mitzeugen App. Lib. 38 ὁ δ' ἔφθασε μὲν ἐς τὸν τοῦ πατρὸς τάφον καταφυγὼν καὶ φαρμάκῳ διαχρησάμενος ἑαυτόν. Die Thatsache der Aussendung des Tiberius Claudius Nero erzählt Liv. XXX. 38—39, allein es fehlt dort die Verknüpfung derselben mit der plötzlichen Beschleunigung der Operationen Scipios, wie sie Zon. 441 C giebt: ὁ γὰρ Σκιπίων δείσας μὴ ἐπειχθεὶς ὁ Νέρων τῶν αὐτοῦ πόνων τὴν εὔκλειαν σφετερίσηται κ. τ. λ. wo sich wieder die längst bekannte Sucht des Annalisten zeigt, das Bild des Scipio aus einem Hintergrunde schwärzesten Neides heraustreten zu lassen.

Das Reitergefecht bei Utica, in welchem Hannibal besiegt worden sei, erwähnt wiederum App. Lib. 36 τῶν δ' αὐτῶν ἡμερῶν Ἀννίβου καὶ Σκιπίωνος ἱππομαχία γίγνεται περὶ Ζάμαν, ἐν ᾗ Σκιπίων ἐπλεονέκτει. Liv. XXX. 29 erwähnt das Gefecht nicht als Thatsache, sagt aber: Valerius Antias primo victum eum a Scipione — legatum cum aliis decem legatis tradit in castra ad Scipionem venisse. Der letzteren Nachricht gegenüber berichtet App. Lib. 37 übereinstimmend mit Zon. 442 B, dass Hannibal den Massinissa angegangen habe, um eine Verständigung mit Scipio herbeizuführen.

Die drei Kundschafter (Liv. XXX. 29 erwähnt ihre Zahl nicht) finden sich auch bei Polyb. XV. 5, 4, der aber nichts davon weiss, dass zwei derselben bei Scipio verblieben seien, eine Verwicklung, die also wiederum dem Annalisten zufällt.

Die Darstellung der unglücksvollen Situation des Hannibal in der Nacht vor der Schlacht bei Zama Zon. 442 B stimmt genau überein mit App. Lib. 40, Die Sonnenfinsterniss während der Schlacht (die also kurz vor die Saturnalien von 202 a. Ch. fallen müsste, an denen nach Liv. XXX. 36 in unmittelbarer Verfolgung des Sieges von Zama auch noch Vermina besiegt wird) vertritt Zonaras, d. h. der Annalist, allein.

Den Zweikampf zwischen Hannibal und Massinissa berichtet
sehr viel ausführlicher als Zon. 442 B App. Lib. 46 in zwei
Akten. Doch hat auch hier Dio nicht etwa aus Appian, sondern aus dessen Quelle geschöpft, denn bei Appian fehlt der
Nebenumstand, dass Hannibal dem heranstürmenden Massinissa ausgewichen sei, und dann den Vorbeiprallenden im
Rücken verwundet habe, ein würdiger Schluss für die Reihe
der von ihm berichteten Thaten der Hinterlist. Die Friedens-
bedingungen für Karthago Zon. 443 A stimmen überein mit
Liv. XXX. 37, der selbst wohl aus Polyb. XV. 18 schöpft.
Das viele Hin- und Herreden in Rom über den Friedensschluss
bei Zon. 443 B ist Auszug aus Liv. XXX. 42; ὁ δὲ δῆμος
τὴν εἰρήνην ὁμοθυμαδὸν ἐψηφίσατο = Liv. XXX. 43; die
Sendung von Friedensvollstreckern nach Karthago stammt
aus Liv. XXX. 43, die Zahl zehn derselben ist nachgetragen
aus Liv. XXX. 44, Dio hat sich also für die Vorgänge in
Rom wieder den Berichten des Livius zugewendet.

Es ergiebt sich also als Resultat der Untersuchung der
mit der dritten Dekade des Livius parallel laufenden Berichte
des Dio, dass neben einer durchgehenden Benützung des Livius
innerhalb derer sich sogar Fehler der Handschrift nachweisen
lassen wie Zon. 419 C, und neben einigen theils in den Worten, theils in den Gedanken nach Polybius gearbeiteten Stellen
wie Zon. 316 A—B, 416 D, 420 A durchgängig noch eine
annalistische Quelle der bedenklicksten Art benützt worden
ist, deren Kennzeichen bestehen: erstens in Verherrlichung
der Scipionen, ihres Rechtthuns und Unrechtleidens, zweitens
in systematischer Schmähung der gerade auch «rein mensch-
lichen Grösse Hannibals» durch Anekdoten von auserlesener
Grausamkeit und Treulosigkeit, sodann in romanhaftem Aus-
malen und detaillirten Uebertreiben aller irgendwie effektvollen
Situationen, endlich in Ausführlichkeit in der Stadtchronik.
Von all diesen Eigenschaften wiederspricht keine der andern,
und es liegt also durchaus kein Recht vor, mehr als einen
Annalisten als von Dio benützt vorauszusetzen. Derselbe hat
griechische Berichte verarbeitet nach Zon. 407 C und 408 D
—409 A und hat selbst griechisch geschrieben nach Zon.

405 D und 425 D, derselbe ist ausser von Dio noch benützt bei Diodor vgl. Zon. 420 A und ist durchgehends Quelle Appians für die Hannibalica und die entsprechenden Partieen der Iberica und Libyca, mit welchen Dio gerade in den fabelhaftesten und widersinnigsten Berichten übereinstimmt, in der Ermordung der Gefangenen 414 B, dem hämischen Geiz der Karthager 414 D, der geheuchelten Flucht Hannibals 417 C, der Rache an den nicht ausgewechselten Gefangenen 420 A, der Grausamkeiten in Nuceria und Acerrae 421 B, dem Austausch Hannos 438 B, dem Selbstmord Hasdrubals 441 B, der Entdeckung der Verschwörung gegen Scipio 439 C, dem Zweikampf Hannibals mit Masinissa 422 D etc. Unter den griechisch schreibenden römischen Annalisten ist Fabius ausgeschlossen wegen Zon. 415 B, abgesehen davon, dass was wir sonst von der Beschaffenheit des Werkes des Fabius wissen sich in keiner Weise von der Darstellung des Dio aussagen lässt. Daneben muss noch eine chorographische Quelle angenommen werden, der einzelne ethnographische Exkurse zuzuweisen sind. Dieselbe muss lateinisch geschrieben gewesen sein wegen der Etymologie bei Zon. 435 D, und muss die Stammsagen mitbehandelt haben wegen Zon. 417 B = Dio fgt. 2, 3.

III.

Untersucht man nun nach den gewonnenen Gesichtspunkten die mit der vierten und fünften Dekade des Livius sich deckenden Partieen des Dio, so ergiebt sich folgendes: Die den Krieg mit Philippus einleitenden Worte bei Zon. 443 D μέχρι γὰρ ἡ πρὸς Καρχηδονίους ἤκμαζε μάχη, κἀν μὴ φιλία σφίσι τὰ περὶ τὸν Φίλιππον ἦν, ἐθεράπευον αὐτὸν ἵνα μὴ τοῖς Καρχηδονίοις συνάροιτο ἢ εἰς τὴν Ἰταλίαν στρατεύσαιτο· ἐπεὶ δὲ τὰ κατ' ἐκείνους ἠρέμησαν, οὐκέτ' ἐμέλλησαν κ. τ. λ. mögen geschrieben sein bei Anlass von Liv. XXXI. 1, 8—10; allein sie geben durchaus nicht etwa dessen Ansicht wieder, sondern es muss diese psychologische Erklärung des Ausbruchs des Krieges allein Dio's Menschenkenntniss und nüchternem Verstande zugeschrieben werden, der ihn z. B. auch von der Stimmung der Römer bei der Rückkehr des Heeres aus den caudinischen

3

Pässen Zon. 364 C sagen lässt ἐπὶ τῇ σφῶν ἥδονται σωτηρίᾳ,
ἐπικρύπτοντες δὲ τέως τὸ ἥδεσθα: πένθος ἐπεποιήκεσαν, was bei
dem Cynismus des älteren römischen Nationalcharakters sehr
glaublich aber gewiss in keiner Quelle überliefert gewesen ist.
Nicht livianisch ist ferner die Notiz bei Zon. 444 A καὶ
στρατηγὸν ἐπὶ τοῦ ναυτικοῦ Λούκιον Ἀπούστιον Σουλπικίῳ Γάλβᾳ
δεδώκασι, die man zwar an sich wohl erklären könnte, als
blos von Dio erschlossen aus Liv. XXXI. 27, 1 Consul Sul-
picius eo tempore inter Appollonium ac Dyrrhachium ad Ap-
sum flumen habebat castra. quo arcessitum L. Apustium legatum cum parte copiarum ad depopulandos hostium fines
mittit, oder aus Liv. XXXI. 44, 1 classis a Corcyra ejusdem
principio aestatis cum L. Apustio legato profecta etc.; allein
sie tritt neben einer andern nicht livianischen auf: καὶ ὁ Γάλβας τὸν Ἰόνιον κόλπον διαβαλὼν ἐπὶ πολὺ ἐνόσησε was Nissen
op. cit. p. 310 als Erfindung des Dio zur Motivirung der
Unthätigkeit des Consuls und der Commandoführung des L.
Apustius ansieht. Allein wenn auch Fälle vorliegen, wo Dio
seine eigenen Vermuthungen wie Thatsachen mitgetheilt hat,
vgl. Zon. 440 C, so ist doch diese Nachricht durch den Zusatz τὸν Ἰόνιον κόλπον διαβαλὼν zu detaillirt, und durch ihre
Wiederholung 444 C ῥαίσας δ' ἐκ τῆς νόσου ὁ Γάλβας zu po-
sitiv hingestellt, um als blose Vermuthung angesehen werden
zu können, und Dio bewussten Lügens zu zeihen haben wir
nicht das mindeste Recht. Vielmehr glaube ich auf Grund
des von Nissen zugegebenen Umstandes, dass diese Angabe
die Unthätigkeit des Consuls erklärt und auf Grund des von
Nissen geläugneten, aber durch eine überreiche Anzahl noch
zu erörternder Stellen feststehenden Umstandes der direkten
Benützung des Polybius durch Dio, dass auch diese Notiz aus
ihm entnommen sei. Alles übrige zwischen diesen beiden
Stellen ist bloses kurzes Exzerpt aus Liv. XXXI. 14—42.
Galbas Operationen bei Zon. 444 C—D stammen aus Liv.
XXXI. 33—46, und zwar die vorausgehenden kleinen Gefechte
aus Liv. XXXI. 33—34, der Angriff des Philippus aus XXXI.
36, 8, der erfolgreiche Ausfall des Galba aus XXXI. 37, wobei
es wohl nicht nöthig ist, anzunehmen, dass der Zusatz Φιλιπ-

πος ἡττηθεὶς καὶ τρωθεὶς κ. τ. λ. auf eine Nebenquelle zu schieben sei, denn Liv. XXXI. 37, 9—10 berichtet zwar nicht eine Verwundung des Königs, sagt aber ruente saucio equo praeceps ad terram datus was Dio vielleicht blos aus Flüchtigkeit als eine Verwundung des Königs mag aufgefasst haben. ὑπὸ νύχτα ἀπανέστη = Liv. XXXI. 38, 9—10; Galba sich auf Apollonia zurückziehend = Liv. XXXI. 39—40, Expeditionen der Flotten des Apustius und Attalus = Liv. XXXI. 44—46. Zon. 444 D—445 A. Nichtlivianisch ist darin die Darstellung des Krieges gegen die Gallier unter Hamilcar. Dio nennt Hamilkar τῷ Μάγωνι συστρατεύσας ἐν τῇ Ἰταλίᾳ κἀκεῖ ὑπομείνας, während ihn Liv. XXXI. 10, 3 qui in iis locis de Hasdrubalis exercitu substiterat nennt, und blos beiläufig XXXI. 11, 5 sagt haud satis scire ex Hasdrubalis prius an ex Magonis postea exercitu. Sodann setzt Livius die Plünderung Placentia's noch ins Jahr 200, während sie bei Zonaras τῷ δ' ἑξῆς ἔτει vorkommt zusammen mit der Niederlage des Cn. Baebius, welche bei Liv. XXXII. 4, 5 im Jahr 199 untergebracht ist. Ferner lässt Zon. 445 A Hamilkar 199 noch Anführer sein, während er nach Liv. XXXI. 21, 18 in derselben Schlacht gegen L. Furius, welche Zon. 444 D erwähnt, gefallen ist. Den Neid des Consuls C. Aurelius meldet sodann Zon. 445 A wieder übereinstimmend mit Liv. XXXI. 47, 4—6. Für die übrigen Nachrichten ist vom Auftreten des P. Villius an Livius benützt, und zwar nach einander folgende Stellen. Zon. 445 A = Liv. XXXII. 6. Zon. 445 B = Liv. XXXII. 11. XXXII. 12. XXXII. 13, 9. XXXII. 15. XXXII. 18, 6—9. Zon. 445 C = Liv. XXXII. 16—17, 3. XXXII. 19, 3, wo sich entspricht καὶ τέλος Κέγχρειαν ἑλόντες = classis Romana cum Attalo et Rhodiis Cenchreis stabat, dann folgt ein wunderliches Missverständniss. Zonaras sagt καὶ πυθόμενοι πρέσβεις πρὸς τοὺς Ἀχαιοὺς ἐπὶ συμμαχίᾳ πεπέμφθαι, ἀπέστειλαν καὶ αὐτοί. Das ist geflossen aus Liv. XXXII. 19, 4—5 optimum igitur ratus est, priusquam eam rem adgrederentur, legatos ad gentem Achaeorum mitti pollicentis, si ab rege ad Romanos defecissent, Corinthum contributuros in anticum gentis concilium. auctore consule legati a fratre ejus L. Quinctio

et Attalo et Rhodiis et Atheniensibus ad Achaeos missi. Davon entspricht der letzte Satz dem letzten des Dio, nicht aber
der erste dem ersten, dass vielmehr dieser einen Irrthum des Dio
enthalte ergiebt sich schon daraus, dass man gar nicht erfährt,
wer die früheren Gesandten geschickt habe, aus dem Texte
des Livius ergiebt sich aber zugleich, wie der Irrthum entstanden ist, nämlich Dio hat in der Flüchtigkeit (und Flüchtig-
keitsfehler hat ihm C. Peter in der angef. Abhandlung in
Menge nachgewiesen) das optimum übersehen, und aus den
Worten ratus est — legatos ad gentem Achaeorum mitti die
falsche Angabe πυθόμενοι πρέσβεις πρὸς τοὺς Ἀχαιοὺς ἐπὶ συμμαχίᾳ πεπέμφθαι hergestellt. Natürlich ist aus dieser die Benützung des Livius auch in den Partien, wo er nur Excerpte
aus Polybius bietet, sichernden Stelle kein Argument dagegen
abzuleiten, dass er an andern Stellen das Original des Polybius
eingesehen habe. Es folgen aus Liv. XXXII. 20—23, 12 ge-
schöpfte Notizen, dann mit Zon. 445 D solche aus Liv. XXXII.
32—37. Die Wahl des Flaminius stammt aus Liv. XXXII.
28, 9, die Stellung desselben zu Nabis aus Liv. XXXII. 38—39.
Nicht livianisch und wohl aus dem Zon. 444 D benützten
Annalisten entnommen ist die Notiz 446 A Αἰλίου δὲ Πέτου
τοῦ ὑπάτου, στρατεύσαντος ἐπὶ τοὺς Γαλάτας πολλοὶ ἀπ' ἀμφο-
τέρων ἀπώλλυντο προσμιγνύντες ἀλλήλοις, καίριον δέ τι ἐπράχθη
οὐδέν. Der Rest von 446 A—B ist aus Liv. XXXII. 26, 8
einschliesslich des cognomens Lentulus herübergenommen (vgl.
p. 1). In Zon. 446 B mag eigene Reflexion des Dio sein of
μέντοι Γαλάται εὐτυχίαις τε ἐπαιρόμενοι καὶ τοὺς Ῥωμαίους ἐν
παρέργῳ σφίσι πολεμοῦντας αἰσθόμενοι παρεσκευάσαντο ὡς καὶ
ἐς τὴν Ῥώμην ἐλάσοντες, der Schluss von 446 B ist wieder ge-
nommen aus Liv. XXXII. 29, 5—31.

Das Auftreten des Flaminius in Griechenland bei Zon.
446 C—D stammt ganz aus Liv. XXXIII. 1—30. Die Reihen-
folge der benützten Stellen ist: XXXIII. 1 | 2, 2 | 6, 6—8 | 7,
3 | 7, 6—7 | 7, 13 | 8—10 | 11, 3 | 13, 14—15 | 14—16 | 16
—18 |. Dann folgt ein ausführlicher gehaltenes Excerpt aus
Liv. XXXIII. 30 = Zon. 447 A, und die Notiz über die Gallier ist zugefügt aus Liv. XXXIII. 20—23.

Nichtlivianisch und viel effektvoller ausgemalt als bei
Livius ist die ganze Darstellung des Verhältnisses von Cato
zu Valerius Zon. 447 B—448 A. Zwar haben die Notizen
καὶ ἡττήσας αὐτοὺς ἠνάγκασε προσχωρῆσαι οἱ φοβηθέντας ἵνα
μὴ καὶ τὰς πόλεις αὐτοβσεὶ ἀποβάλωσι· καὶ τότε μὲν δεινὸν αὐτοῖς οὐδὲν εἰργάσατο wieder sachliche Aehnlichkeit mit Liv.
XXXIV. 16, doch ist die Uebereinstimmung nicht genau ge-
nug, als dass man mitten in dem nichtlivianischen Material
über Cato ein Schaltstück annehmen sollte. Es findet sich
der Kunstgriff überallhin den Befehl auszusenden die Mauern
niederzureissen, und zwar überall an einem und demselben Tag,
wieder sowohl bei Frontin. I. 1, 1, der auch im Hannibalischen
Kriege allein neben Zonaras das Stratagem des Junius Pera
vertrat, als auch bei Appian Iber. 41, und die Uebereinstimmung mit diesem verbunden mit dem Umstande, dass auch
im Hannibalischen Kriege die annalistische Quelle für die
Ereignisse in Spanien besonders reichlich floss, zwingt zu der
Annahme, dass Dio hier immer noch den neben der dritten
Dekade des Livius eingesehenen Annalisten weiterbenütze. Mit
dem Bericht über Cato's Stratagem gegen die Keltiberer bei Zon.
448 B meint Dio dieselbe Sache, wie Liv. XXXIV. 19, er
stellt sie aber insofern glaublicher dar, als er die drei verschiedenen Vorschläge von Cato zu verschiedenen Zeiten gemacht
werden lässt, in Folge dessen die Keltiberer nicht zur Ruhe
und zu keinem einheitlichen Plane gelangen, während ihnen
bei Livius alle drei auf einmal angeboten werden mit der Auf-
forderung, sich einen davon auszusuchen. Da es nun durchaus
gegen den Charakter der von Dio eingesehenen Annalistenquelle ist, nüchternere Berichte als Livius zu geben, so wird
man es hier wohl wieder mit einem eigenmächtigen Besser-
wissenwollen des Dio zu thun haben.

Die Expedition des Flaminius gegen Nabis Zon. 448 C
entspricht Zug für Zug Liv. XXXIV. 26—43. So decken sich
die Worte ὁ γὰρ Νάβις τούς τε Ῥωμαίους δείσας καὶ τοὺς ἐπι-
χωρίους ὑποπτεύσας οὐκ ἐκινήθη ὥστε προαπαντῆσαι τῷ Φλαμινίῳ mit Liv. XXXIV. 27. Sodann πλησιάσαντι δὲ ἐπεξέδραμε,
καταφρονήσας διά τε τὸν κάματον τὸν ἐκ τῆς πορείας, καὶ ὅτι

In 451 A entspricht ὁ δέ γε Φλαμίνιος περιιὼν τὴν Ἑλλάδα τοὺς μὲν μηδ' ἀποστῆναι ἔπεισε πλὴν Αἰτωλῶν καὶ ἑτέρων τινῶν. αὐτοί τε γὰρ τῷ Ἀντιόχῳ προσεχώρησαν καὶ ἄλλους τοὺς μὲν ἑκόντας συνίστων, ἐνίους δὲ καὶ ἄκοντας Liv. XXXV. 31—40. und καὶ ὁ Ἀντίοχος καίτοι χειμῶνος ὄντος, ὅμως πρὸς τὰς τῶν Αἰτωλῶν ἐλπίδας ἔσπευσε, διὸ οὐδὲ ἀξιόμαχον ἐπήγετο δύναμιν stimmt inhaltlich mit Liv. XXXV. 43—44. Τὴν μέντοι Χαλκίδα μετ' αὐτῶν ἔλαβε, τήν τε ἄλλην Εὔβοιαν προσεποιήσατο = Liv. XXXV. 51, 1; nichtlivianisch ist die Notiz, dass Antiochus καὶ ἐν τοῖς αἰχμαλώτοις Ῥωμαίους τινὰς εὑρὼν πάντας αὐτοὺς ἀφῆκε. Die Berichte über den Aufenthalt des Antiochus in Chalcis = Liv. XXXVI. 11, 1—4 und App. Syr. 16. Die Eröffnung des Krieges bei Zon. 451 B = Liv. XXXVI. 1, die Vertheilung der Provinzen = Liv. XXXVI. 2, 2 und 3, 13, der Krieg des Cornelius mit den Bojern = Liv. XXXVI. 38, 5, Glabrio mit Baebius und Philippus operirend Liv. XXXIV. 13, Philippus aus Megalopolis wird gefangen = Liv. XXXVI. 14, 3—5, Amynander vertrieben = Liv. XXXVI. 14, 9. Zon. 451 C Antiochus in Chalcis = Liv. XXXVI. 15, 1, er begiebt sich nach Böotien = Liv. XXXVI. 15, 6, sucht die Umzingelung zu vermeiden = Liv. XXXVI. 16, 6, besetzt die Anhöhen mit Aetolern = Liv. XXXVI. 16, 8—11, gegen diese wird Cato ausgesendet = Liv. XXXVI. 17, 1, dass dieses νυκτὸς geschehen sei, wie Zon. 451 D hinzufügt betont Livius nicht, dagegen Appian. Syr. 18 und Plut. Tit. Flam. XIII, was ein indicium der Benützung des Polybius sein könnte. Zwar liesse sich einwenden, dass Dio das blos erschlossen habe aus dem Umstande, dass die Schlacht ja am Morgen beginnt, allein es reiht sich daran eine weitere Notiz καὶ ἕως ἐν τῷ ὁμαλῷ ἐμάχετο ἐπεκράτει, ἀναχωρησάντος δὲ τοῦ Ἀντιόχου πρὸς τὰ μετέωρα ἡλαττοῦτο wofür Liv. XXXVI. 18, 6 nicht Quelle sein kann, so dass aus dem νυκτὸς wohl wiederum auf Polybius als der gemeinschaftlichen Quelle Appians und Plutarchs zu schliessen sein wird.

Cato überfällt die Aetoler = Liv. XXXVI. 18, 8. Antiochus flieht, sein Lager wird erobert = Liv. XXXVI. 19, 5 Antiochus begiebt sich nach Chalcis und von da nach Asien

= Liv. XXXVI. 19, 9 und 21, 1. Glabrio hält Böotien und
Euböa = 21, 2—4, er belagert Heraklea = 22, 4, er erobert
dasselbe = 24, 6, die Akropolis kapitulirt = 24, 11, Demo-
critus wird mitgefangen = 24, 12.

Allein die freche Antwort, welche er einst dem Flamininus gegeben haben soll, lautet bei Liv. XXXVI. 24, 12 Tito
Quinctio poscenti (den Beschluss der Aetoler) in Italia da-
turum cum castra ibi Aetoli posuissent, bei Zon. 452 A dagegen Θάρρει, ἔφη, ἐγὼ γὰρ αὐτὸ κομιῶ μετὰ τοῦ στρατοῦ καὶ
παρὰ τῷ Τιβέριδι ὑμῖν ἀναγνώσομαι. Die Differenz ist
zwar eine blos stilistische, aber ebenso lautet der Ausspruch bei
App. Syr. 21 ἐς Φλαμινίῳ παρὰ τὸν Τίβεριν ἠπείλεε στρα-
τοπεδεύειν, und aus diesem Zusammenfallen des Stichwortes
bei Zonaras und Appian geht wiederum mindestens Mitbenützung des Polybius bei Dio hervor.

Die Belagerung von Lamia durch Philippus = Liv. XXXVI.
25, Antiochus schickt Gesandte an die Aeoler = XXXVI. 29.
Die Belagerung von Naupactos = XXXVI. 30, 6, sie wird
durch Flamininus aufgehoben und die Naupaktier schicken
Gesandte nach Rom = XXXVI. 34, 1—35, 6; desgleichen
die Epiroten = Liv. XXXVI. 35, 8—10. Philipp's Gesandtschaft nach Rom = Liv. XXXVI. 35, 12—15; ein Vertrag
wird abgeschlossen = Liv. XXXVII. 1, 6. Die Einsetzung
der Scipionen bei Zon. 452 C = Liv. XXXVII. 1, 10; sie
geben den Aeolern Frist zu neuer Gesandtschaft = XXXVII.
7, 5—7; sie erhalten Bundestruppen von Philippus = XXXVII.
7, 15—16; die römische Flotte operirt vereinigt mit Eumenes
und den Rodiern = XXXVII. 8—22. Der Seesieg über Hannibal bei Zon. 452 D = Liv. XXXVII. 23, 3—24, 5, die Belagerung von Pergamus durch Seleucus steht bei Liv. XXXVII.
18, der ihn aber den Winter nicht in Lysimachia sondern in
der Aeolis zubringen lässt, vgl. Nissen p. 311. Möglich wäre
es, dass Dio die Worte des Livius XXXVII. 33, 1 consuli
nuntiatur victam regiam classem ad Myonnesum, relictamque
a praesidio Lysimachiam esse falsch combinirt hätte.

Die Friedenshoffnungen des Antiochus auf Grund der Ge-
fangennahme des Sohnes Scipio's = Liv. XXXVII. 34—36,

die Freilassung desselben = XXXVII. 37, 6, das Scheitern
des Vertrages = XXXVII. 36, 9.

Die Aufstellung des Antiochus bei Magnesia Zon. 453 A
stimmt im allgemeinen überein mit Liv. XXXVII. 40, doch
kann Dio die Angabe πρῶτα τὰ ἅρματα, εἶτα τοὺς ἐλέφαντας
nicht aus Liv. 40, 12 geschöpft haben, allwo blos auf den
Flügeln aufgestellte Elephanten erwähnt werden, während Dio
offenbar auch welche vor der Phalanx kennt, also auf einen
genaueren Bericht als Livius ist, zurückgeht, welcher Bericht
aber der Livius vorliegende sein muss, da dieser 42, 5 plötzlich von interpositi elephanti redet, und zugleich der Bericht
sein muss, den App. Syr. 32 vor Augen hat, wenn er sagt
ἡ δ' ὄψις ἦν τῆς μὲν φάλαγγος οἷα τείχους, τῶν δ' ἐλεφάντων
οἷον πύργων. Dass ferner die Römer den Wagen ausgewichen
seien, berichtet auch Liv. XXXVII. 41, 9—12, davon aber
nichts, dass die Elephanten in der eigenen Phalanx Unfug angerichtet hätten, was 42, 5 stehen müsste, und was ausser Zonaras
wiederum nur App. Syr. 35 s. f. berichtet τῶν ἐλεφάντων ἐν
τῇ Μακεδόνων φάλαγγι· συνταραχθέντων τε καὶ οὐχ ὑπακουόν-
των τοῖς ἐπιβάταις so dass auch für diesen Schlachtbericht
Mitbenützung des Polybius sicher steht.

Die durch Nebel und Regen verursachten Nachtheile bei
Zon. 453 B berichten ebenso Liv. XXXVII. 41, 1—4 und
App. Syr. 33. Der Angriff des Antiochus auf das römische
Lager stimmt sachlich mit Liv. XXXVII. 42, 9—43, 5.

Die Notiz bei Zon. 453 C ἐν ᾧ δὲ τοῦτ' ἐγένετο Ζεῦξις
καθ' ἕτερον μέρος τῷ ταφρεύματι προσβαλὼν εἴσω τε αὐτοῦ
εἰσῆλθε καὶ ἁρπαγὴν ἐποιεῖτο, μέχρις οὗ ὁ Λέπιδος ᾔσθετο steht
nicht bei Livius, und da sie auch bei Appian nicht steht, so
fehlt die Garantie, dass sie bei Polybius gestanden habe.
Nissen p. 311 verwirft sie, wie ich glaube mit vollständigem
Recht, denn sie sieht ganz aus, als ob sie eine blose Verdoppelung des Angriffs des Antiochus auf das römische Lager
wäre, erfunden aus dem ganz frivolen Bedürfniss, den vorher
im Frontrapport (bei Liv. XXXVII. 41, 1, und App. Syr. 33)
aufgeführten Zeuxis nicht in der Schlacht selbst unbeschäftigt
zu lassen. Nun kann natürlich eine solche Fälschung Dio

nicht zugetraut werden; allein da aus der sub Zon. 454 D zu behandelnden Nachricht mit Sicherheit hervorgeht, dass er auch für die Verhältnisse des Ostens neben Polybius noch Annalistenberichte der schlimmsten Art benützt hat, und da wir den im Hannibalischen Krieg benützten Annalisten aus dem sub Zon. p. 423 angeführten Fragment als speciellen Anfertiger solcher Duplicate kennen gelernt haben, so dürfte diese ganze eingeschaltete Notiz als eine Entlehnung aus demselben griechischen Annalisten zu betrachten sein.

Scipio erobert das Lager des Antiochus = Liv. XXXVII. 44, 1—4, Antiochus zieht nach Syrien = Liv. XXXVII. 44, 6, die asiatischen Griechen fallen den Römern anheim = XXXVII. 45, 1; die Friedenspräliminarien = XXXVII. 45, 4 sqq. Dass die Bedingungen nicht härter seien, als vor der Schlacht lässt Livius den Scipio sagen XXXVII. 45, 13, lässt aber 45, 16 die Auslieferung Hannibals gleich durch Scipio verlangen, während sie Zonaras 453 D als erst in der verschärften Fassung des Vertrages, welche Cn. Manlius überbracht habe, stehend berichtet, wogegen aus Polyb. XXI. 17, 7 feststeht, dass sie schon von Scipio formulirt und wiederholt wurde im Definitivvertrag Polyb. XXI. 45, 11. Dio hat also hier noch eine weitere Quelle benützt, welche den Manlius ausserdem noch eigenmächtiger Erpressung beschuldigt, was sich durch Liv. XXXVIII. 38, 5 durchaus nicht bestätigt. Ferner fehlt auch bei Livius die Erwähnung der Auslieferung des Sohnes des Antiochus als Geisel. Diese scheint indess von Polybius bei diesem Anlass irgendwo erwähnt worden zu sein, denn sie kehrt wieder bei App. Syr. 39 καὶ τὰ ὅμηρα διὰ τριετίας ἐναλλάσσειν χωρὶς γε τοῦ παιδὸς Ἀντιόχου (vergl. aber dazu Th. Mommsen: «der Friede mit Antiochos» in Römische Forschungen II. 522).

Die Nachricht über Scipio bei Zon. 454 A ἐπηγείτο ἐπὶ τῇ νίκῃ καὶ τὴν τοῦ Ἀσιατικοῦ ἐπωνυμίαν δι' αὐτὴν ἔσχεν, ὥσπερ ὁ ἀδελφὸς αὐτοῦ Ἀφρικανὸς ἐπεκλήθη, stimmt gut zu Liv. XXXVIII. 58, 6 L. Scipio ad urbem venit: qui ne cognomini fratris cederet Asiaticum se appellari voluit und zu 59, 1 merito ergo et diis immortalibus quantus maximus poterat habitus est honos, quod ingentem victoriam facilem etiam fecissent, et imperatori trinmphus est decretus. Des Lucius Verurtheilung — Liv. XXXVIII. 55, 6, die des Africanus = 51, 1. Das Ergebniss der Versteigerung der Güter des Asiaticus := 60, 8—10, Africanus geht nach Linternum = 52, 1, dort bleibt er bis an sein Ende = 53, 8. Des Manlius Erfolge in Kleinasien = XXXVIII. 12—16, Zon. 454 C, ethnographisches über die Galater = XXXVIII. 16; οὗτοι δὴ πράγματα τῷ Μαλλίῳ παρεῖχον = 17, 1; ἀλλὰ καὶ τούτων ἐκράτησε = 20—23.

Dagegen ist die Nachricht τὴν μὲν Ἄγκυραν τὴν πόλιν ἑλὼν ἐξ ἐπιδρομῆς nicht beglaubigt durch Liv. XXXVIII. 26 —28, sondern man hört nur 24, 1 und 25, 1—2, dass er vor der Schlacht am Olymp sein Lager dort gehabt habe. Ob Dio hierfür eine besondere Quelle benützt, oder sich aus dem Schweigen des Livius eine ungehinderte Besetzung der Stadt zurechtgemacht habe, ist nicht zu entscheiden. Dass Ariarathes sich den Frieden erkauft habe, berichten zugleich Liv. XXXVIII. 37, 5 und App. Syr. 42.

Neue Gesandschaft der Aetoler Zon. 454 D = Liv. XXXVIII. 3, 8. Griechenland wird dem M. Fulvius übertragen = XXXVIII. 4. Dass Ambrakia einst τοῦ Πύρρου βασίλειον gewesen sei ist wohl erwähnt bei Anlass der Nennung des Pyrrheums bei Polyb. XXI. 27, 2 und Liv. XXXVIII. 5, 2. Dass die Ambrakioten erst um Waffenstillstand nachgesucht hätten, steht dagegen nicht bei Livius, auch nicht in den fgtt. des Polybius; dagegen hat dieser XXI. 27 die Nachricht, dass Verstärkung in die Stadt gekommen sei, welche Zonaras ebenfalls bietet.

Dass nun die Römer die Stadt durch unterirdische Gänge einzunehmen gesucht hätten, berichten sowohl Liv. XXXVIII. 7, als Polyb. XXI. 28. Bei Zon. 454 D heisst es aber weiter, die Einwohner hätten ἀγνοοῦντες δ' ὅπη ὀρύσσοιτο χαλκῆν ἀσπίδα κατὰ τὸν περίβολον πρὸς αὐτὸ ἐτίθουν τὸ δάπεδον, καὶ διὰ τῆς ἠχῆς τὸν τόπον γνόντες, ἀντώρυσσον ἔνδοθεν. Dagegen berichtet Polyb. XXI. 28, 8, die Belagerten hätten innerhalb der Mauer längs derselben einen Laufgraben gezogen, und in diesem an seiner der Mauer zugekehrten Wand eine

ganze Reihe kleiner eherner timbres angebracht, so dass sie
beim Auf- und Abgehen in dem Graben an diesen Resonanz-
gefässchen lauschen konnten, ein Apparat, dessen Leistungs-
fähigkeit der von aller praktischen Anschaung kläglich ent-
blösste Livius natürlich nicht begreifen konnte, weshalb er
diesen Bericht in wahrhaft naiv rationalistischer Weise zu-
rechtgestutzt hat zu: silentio facto pluribus locis aure admota
sonitum fodientium captabant. Nun kann natürlich keinen
Augenblick zweifelhaft sein, welcher von den drei Berichten
wahr ist. Zwar hat selbst der des Polybius noch das metho-
dische Bedenken gegen sich, dass ähnliche Erzählungen öfter
vorkommen [1]. Allein dieses hat gegenüber dem Berichte
eines nüchternen und sachverständigen und unbedingt wahr-
haftigen Zeitgenossen an sich wenig Gewicht, und dann ist
die Erscheinung des Mitklingens eben auch eine alltägliche,
und da mag sich ähnliches wirklich öfters zugetragen haben
und benützt worden sein. Der Bericht des Livius füllt als
Verballhornung des Polybianischen von selbst weg, wo aber
hat Dio den seinigen her? Natürlich aus dem Annalisten, und
dieser hat ihn als ganz unverhülltes Plagiat entnommen aus
Herodot IV. 200, wo von den auf Anstiften der Pheretime
belagerten Barkäern fast mit denselben Worten gesagt wird
τὰ μέν νυν ὀρύγματα ἀνὴρ χαλκεὺς ἀνεῦρε ἐπιχάλκῳ
ἀσπίδι, ὧδε ἐπιφρασθείς· περιφέρων αὐτὴν ἐντὸς τοῦ τείχεος
προσῖσχε πρὸς τὸ δάπεδον τῆς πόλιος. τὰ μὲν δὴ ἄλλα
ἔσκε κωφά, πρὸς τὰ προσῖσχε, κατὰ δὲ τὰ ὀρυσσόμενα ἠχέεσκε
ὁ χαλκὸς τῆς ἀσπίδος wo die Uebereinstimmung sämmtlicher Stichwörter mit dem Berichte des Zonaras über
Ambrakia vollständig sicher beweist, dass Dio hier eine
griechisch geschriebene Quelle vor sich hat, wodurch die Zahl
der ihr möglicherweise beizulegenden Namen sich auf ein mi-

---

1) So soll auch bei der Belagerung von Edessa durch Chosru Nu-
shirwan im Jahre 544 das Untergraben der Mauern durch die Perser
von den Belagerten dadurch entdeckt worden sein, dass innen an der
Mauer ein Erzschmied wohnte ὃ τὰ κατὰ τὴν οἰκίαν αἰωρούμενα σκεύη
χαλκᾶ ἔχον ἀπετέλει, τῶν Περσῶν ὑπὸ γῆν κοπτόντων καὶ ἐκχορούντων τὸν
χοῦν. Const. Porphyrog. De Christi imag. Edess. p. 89, ed. Combelin.

ninunm reducirt. Dass dieser Annalist mit dem im Hannibalischen Kriege benützten identisch sei, wird sich noch zwingen-
der, als blos durch den übereinstimmenden Umstand der Ab-
fassung in griechischer Sprache nachweisen lassen.

Die Vorrichtung, mittelst welcher die Ambrakioten den
cuniculus der Belagerer durch stinkenden Rauch unbenützbar
machen, findet sich mitgetheilt bei Polyb. XXI. 28 und Liv.
XXXVIII. 7, 11 sqq.; dass aber Dio nicht aus letzterem,
sondern aus Polybius direkt schöpfe, beweist die Uebercin-
stimmung sämmtlicher charakteristischen Ausdrücke, wie sie
bei einer blossen Rückübersetzung aus Livius nie hätte entstehen
können. Zonaras sagt 455 A πίθον μέγαν πτίλων πλη-
ρώσαντες πῦρ ἐς αὐτὸν ἐνῆκαν, καὶ πῶμα χαλκοῦν αὐτῷ
πολλαχῇ τετρημένον ἐνέθηκαν, καὶ ἐς τὸν ὑπόνομον τὸν πίθον κομίσαντες καὶ πρὸς τοὺς πολεμίους τρέψαντες τὸ στόμα
αὐτοῦ ἀκροφύσιόν οἱ κατὰ τὸν πυθμένα ἐνέβαλον καὶ τούτῳ
φύσας προσφέροντες πλεῖστον καὶ δυσχερῆ καπνὸν οἷα ἐκ πτίλων
ἐκθορεῖν ἐποίουν, ὃν οὐδεὶς τῶν Ῥωμαίων ὑπέμενεν = Polyb.
XXI. 28, 12 sqq. ὑπέθετό τις τοῖς πολιορκουμένοις πίθον προ-
θεμένους ἁρμοστὸν κατὰ τὸ πλάτος τῷ μετάλλῳ τρυπῆσαι τὸν
πυθμένα, καὶ διώσαντας αὐλίσκον σιδηροῦν ἴσον τῷ τεύχει
πλῆσαι τὸν πίθον πτίλῳ λεπτῷ, καὶ πυρὸς παντελῶς μικρὸν
ἐμβαλεῖν ὑπ’ αὐτὸ τοῦ πίθου περιστόμιον, κἄπειτα σιδηροῦν
πῶμα τρημάτων πλῆρες τῷ στόματι περιθέντας κ. τ. λ.
Vergl. Polyaen. VI. 17. Es liegt also hier die Benützung
des Polybius ebenso klar zu Tage, wie unmittelbar vorher die
Mitbenützung eines griechisch schreibenden Annalisten, und es
ist also doppelt ungenau und irreführend, wenn Nissen p. 312
sagt «der Feldzug gegen Ambrakia ganz nach Livius».

Mit den Worten ὅθεν ἀπογνόντες οἱ Ῥωμαῖοι ἐσπείσαντο
καὶ τὴν πολιορκίαν κατέλυσαν weicht Dio ab von Polyb. XXI.
28, 18 der das Nachgeben vielmehr von den Belagerten aus-
gehen lässt τοιαύτην δὲ λαμβανούσης τριβὴν τῆς πολιορκίας ὁ
στρατηγὸς τῶν Αἰτωλῶν πρεσβεύειν ἔγνω πρὸς τὸν στρατηγὸν
τῶν Ῥωμαίων. Hier scheint also wieder eine Eigenmächtigkeit
Dio's vorzuliegen. Nissen hat nämlich p. 310 treffend darauf
aufmerksam gemacht, dass Dio aus Misstrauen gegen den Pa-

triotismus des Livius weniger günstig für die Römer schreibe,
als dieser. Dasselbe Misstrauen scheint er hier auf Polybius
übertragen und in Erwägung des tapferen Widerstandes der
Stadt ein Nachgeben auf Seite der Römer wahrscheinlicher
gefunden und Kraft dessen erzählt zu haben.

Der Friedensschluss mit den Aetolern bei Zon. 455 B
kann ebensogut aus Polyb. XXI. 32, als aus dem ihn wörtlich übersetzenden Liv. XXXVIII. 11 entnommen sein; auch
aus den Worten και ο Ψολουιος την Κεφαλληνίαν ομολογία
παρεστήσατο και την Πελοπόννησον στασιάζουσαν κατεστήσατο
lässt sich wegen der äussersten Verkürzung nicht entnehmen,
ob sie Liv. XXXVIII. 28, 5—34 wiedergeben, oder Polybius.
Die Notiz, dass Antiochus der Grosse gestorben sei css. C.
Flaminio Aem. Lepido findet sich nicht in den erhaltenen Partien des Livius, könnte aber freilich in einer der zahlreichen
Lücken gestanden haben. Allein die Erwähnung des Seleucus
und Antiochus Epiphanes kehrt ebenso wie bei Zonaras wieder
bei App. Syr. 45, so dass auch diese Nachricht als aus Polybius entlehnt wird gelten müssen.

Die thrakischen Städte, welche Philippus zurückgeben
muss, sind erwähnt Liv. XXXIX. 33, 3, der Abzug der Be-
satzungen aus Aenos und Maronea = Liv. XXXIX. 33, 4, die
Ankunft der Gallier in Venetia = Liv. XXXIX. 22, 6 und
45, 6, ihre Unterwerfung unter Marcellus bei Zon. 455 C =
Liv. XXXIX. 54, 3, οἱ δ' ἐν τῇ Ῥώμῃ πρεσβευσαμένοις σφίσιν
ἐπὶ τῷ εὐθὺς ἀναχωρῆσαι πάντα ἀπέδωκαν = Liv. XXXIX.
54, 4—13.

Der Tod Hannibals steht ebenso bei Liv. XXXIX. 51;
allein es fehlt daselbst das Orakel, welches Zonaras erwähnt:
χρησμοῦ δέ ποτε αὐτῷ γενομένου ἐν γῇ Λιβύσσῃ τεθνήξεσθαι ὁ
μὲν ἐν τῇ πατρίδι προσεδόκα θανεῖν, ἔτυχε δὲ θνῄσκων ἐν
χωρίῳ τινὶ τυγχάνων Λιβύσσῃ, und welches noch genauer mitgetheilt wiederkehrt in der fast ganz aus Excerpten aus Dio
(vgl. sub. Zon. 418 D) zusammengesetzten Biographie Hannibals bei Tzetzes Chil. I. 798 sqq.:

αὐτὸς δὲ φάρμακον πιὼν θνῄσκει πρὸς Βιθυνίαν
πρός τι χωρίον Λίβυσσαν καλούμενον τῇ κλήσει

δοκῶν θανεῖν ἐς Λίβυσσαν πατρίδα τὴν οἰκείαν.
ἦν γὰρ Ἀννίβᾳ τις χρησμὸς οὕτω που γεγραμμένος·
Λίβυσσα κρύψει βῶλος Ἀννίβου δέμας.
Und diese Stelle stimmt wiederum genau überein mit App.
Syr. 11, welcher von Hannibal sagt λεγόμενον ἐσχηκέναι ποτὲ
χρησμὸν ὧδε ἔχοντα „Λίβυσσα κρύψει βῶλος Ἀννίβου δέμας·"
καὶ οἰόμενον ἐν Λιβύῃ τεθνήξεισθαι, ποταμὸς δ᾽ ἐστὶ Λίβυσσὸς
ἐν τῇ Βιθυνίᾳ καὶ πεδίον ἐκ τοῦ ποταμοῦ Λίβυσσα und mit
dem dritten Epitomator des Polybius Plutarch Tit. 20, so dass
sich auch hier direkte Benützung des Polybius durch Dio
ergiebt.

Zon. 455 D: dass auch Scipio damals gestorben sei, erwähnt Liv. XXXIX. 52; dass Demetrius zur Zeit, als er in
Rom Geissel war, sich daselbst Freunde erworben habe = Liv.
XXXIX. 47, 9—48, 1; seine Aussichten auf die Thronfolge
== Liv. XXXIX. 53, 2; der Neid des Perseus = Liv. XXXIX.
53, 5; Perseus verläumdet ihn beim Vater = Liv. XXXX. 10;
die Worte καὶ ὁ μὲν φάρμακον πιεῖν ἀναγκασθεὶς ἐτελεύτησεν
kann aus Liv. XXXX. 24, 5 herausgelesen sein, welcher den
Ausdruck gebraucht in ea cena dicitur venenum datum, welcher
über den modus, ob heimlich oder gewaltsam, nichts aussagt.
Freilich bleibt nun, nachdem einmal die Mitbenützung des
Polybius für eine Reihe von Fällen sichergestellt ist, an allen
denjenigen Stellen, wo keine Vergleichung mit den Fragmenten seines Werkes möglich ist, und wo sich nicht etwa wie
bei Zon. 445 C die Benützung der polybianischen Partien bei
Livius durch Dio mittelst Aufzeigen von Versehen in der Wie-
dergabe des livianischen Wortlautes beweisen lässt, unsicher, ob
Livius oder Polybius selbst von Dio wiedergegeben ist.

Zon. 456 A: Philippus kommt zur Einsicht über Demetrius = XXXX. 54—55; er will sich an Perseus rächen =
Liv. XXXX. 56; er wird vom Tode überrascht := Liv. XXXX.
57, 1. Dann folgen die Worte: καὶ τὴν βασιλείαν ὁ Περσεὺς
διεδέξατο. καὶ οἱ Ῥωμαῖοι ταύτην τε αὐτῷ ἐβεβαίωσαν, καὶ
τὴν πατρῴαν φιλίαν ἀνενεώσαντο. Dem ersten Punkte entspricht
Liv. XXXX. 58, 9 Perseus potitus regno etc. aber für die
übrigen Notizen fehlt es bei ihm an Aequivalenten. Nun muss

er allerdings in einem der ausgefallenen Stücke die Erneuerung
des mit Philippus geschlossen Vertrages zu Handen des Perseus berichtet haben, was daraus hervorgeht, dass er sich
XXXXII. 25, 4, XXXXII. 25, 10. XXXXII. 30, 10, XXXXII.
40, 4 auf diese Erneuerung als auf etwas geschehenes bezieht.
Aber die Notiz ταύτην τε αὐτῷ ἐβεβαίωσαν ist durch Livius
nicht beglaubigt, und an sich sehr bedenklich; denn da Philippus blos durch ein foedus mit den Römern verbunden gewesen war, so konnten diese zwar seinen Nachfolger als neuen
Contrahenten des Vertrags anerkennen oder verwerfen, nim-
mermehr aber seine Succession bestätigen oder in Frage stellen.
Wenn M. Aurelius bei Dio LXXI. den Ariogaisus οὔτε ἐκεῖνον
ὡς καὶ νόμῳ τινὶ γεγονότα ἐβεβαίωσεν, οὔτε τὰς σπονδάς, so
steht dieser als König eines Clientelstaates unter ganz anderen
Bedingungen als der Föderirte. Schon dadurch wird der Ver-
dacht nahe gelegt, dass wir es hier mit einer blossen Vermuthung Dio's zu thun haben. Er wird bestärkt durch den
Umstand, dass Diodor XXIX. 30 ed. L. Dindorf, der in diesen Partien Epitomator des Polybius ist, von der βεβαίωσις
nichts, sondern blos die Notiz hat: ἡ δὲ σύγκλητος τὰ πλεῖστα
τῶν πραγμάτων αἰσθανομένη τὴν φιλίαν ὅμως ἀνενεώσατο. Es
scheint also auch Polybius von der βεβαίωσις nichts gewusst
zu haben. Dazu kommt, dass für solche Vermuthungen Dio's
ein ganz identischer Präcedenzfall vorliegt bei Zon. 440 C
wo es von Vermina heisst, dass die Römer ihm τὴν βασίλειαν
τοῦ πατρὸς ἐπεκύρωσαν, was ebenfalls eine blosse Combination
des Dio sein muss, da es aus den dort aufgeführten Gründen
aller Ueberlieferung widerspricht. Auf Grund dieser Analogie,
der inneren Unwahrscheinlichkeit des Ueberlieferten, und dem
Fehlen einer Bezeugung durch Livius-Polybius und Diodor-Po-
lybius wird man hier mit Recht eine als Thatsache hinge-
stellte falsche Vermuthung des Dio sehen dürfen. Im Uebrigen beweist die Wortübereinstimmung zwischen Diodor und
Zonaras in Betreff des erneuerten Bündnisses, dass auch hier
wieder Polybius selbst von Dio benützt ist.

Die vor den Mauern Roms abgefertigte Gesandtschaft des
Perseus = Liv. XXXXII. 36; die Aussendung des Licinius

= Liv. XXXXII. 36, 8; καὶ ὁ Περσεὺς εἰς Θεσσαλίαν παρεκβάλλων τά γε πλεῖστα αὐτῆς ᾠκειώσατο = Liv. XXXXII. 36, 4; Licinius Crassus und C. Lucretius gegen Perseus = Liv. XXXXII. 48, 4—6; συμμίξας οὖν πρῶτον περὶ Λάρισσαν τῷ Περσεῖ ἐν ἱππομαχίᾳ ἔπταισεν = Liv. XXXXII. 59; ὕστερον μέντοι περιεγένετο == Liv. XXXXII. 66; ὥστε καὶ ἀναχωρῆσαι τὸν Περσέα εἰς τὴν Μακεδονίαν = Liv. XXXXII. 67, 1. Die barbarische Behandlung der Provinzen durch Licinius bei Zon. 456 C muss in verlorenen Stücken von Liv. XXXXII. gestanden haben, nach der Angabe der periocha: P. Licinius Crassus proconsul complures in Graecia urbes expugnavit et crudeliter corripuit. ob id captivi qui ab eo sub corona venierant ex senatus consulto postea restituti sunt, wobei allerdings die Angabe einer Bestrafung des Proconsuls fehlt. Errungene Vortheile des Perseus kennt ebenfalls die periocha: res praeterea a Perse rege prospere gestas continet.

Dagegen nicht bei Livius noch in der periocha findet sich die Angabe Zon. 456 D über die von Perseus zum Zwecke der Dressur seiner Pferde hergestellten Phantome von Elephanten. Sie lautet ὅπως δὲ μήτε τοῖς ἵπποις φοβεροὶ εἶεν, εἴδωλα ἐλεφάντων σκευάσας, δεινὴν μὲν ὑπὸ χρίσματός τινος ὀσμὴν ἔχοντα, φοβερὰ δὲ καὶ ὀφθῆναι καὶ ἀκουσθῆναι ὄντα, βροντώδη γὰρ ἢ φί ε ι ἠχήν τινα ἐξ ἐπιτηδεύσεως κ. τ. λ. Nun lautet ein Parallelbericht bei Polyaen. IV. 21 Περσεὺς Ῥωμαίων ἐλέφαντας ἀγόντων, τοὺς μὲν ἐκ Λιβύης, τοὺς δὲ Ἰνδοὺς παρὰ Ἀντιόχου Συρίας βασιλέως, ἵνα μὴ καινὸν καὶ φοβερὸν τοῖς ἵπποις τὸ θηρίον φανείη προσέταξε τοῖς χειροτέχνοις εἴδωλα ξύλινα κατασκευάζειν ἐλεφάντων ἰδέαν καὶ χρόαν ἔχοντα. Ἐπεὶ δὲ ἡ κλαγγὴ τοῦ θηρίου μάλιστα δεινή, προσέταξεν εἰς τὸ ξύλινον εἴδωλον ἐμβαίνειν ἄνδρα αὐλὸν ἔχοντα, ὃς διὰ τοῦ στόματος τὸν αὐλὸν ἰθύνων ὀξὺν καὶ ἀπηνῆ φθόγγον προΐηται. Polyän aber hat anderwärts den Polybius benützt, und zum Beispiel seine Beschreibung der Schallgefässe und des Räucherfasses von Ambrakia fast unverändert aufgenommen, vgl. sub. Zon. 454 D. Hier aber hat er offenbar die Quelle des Dio benützt und dies allein würde die Annahme rechtfertigen, dass hier ein Fragment des Polybius erhalten ist ¹). Es lässt sich aber noch anderweitig erweisen, dass die Sache, so abenteuerlich sie auf den ersten Blick — und auch nur auf diesen — erscheint, dennoch von Polybius berichtet worden ist. Diodor erzählt nämlich II. 17 eine ähnliche Kriegserfindung der Semiramis und fügt dann hinzu: παραπλήσιον δὲ πολλοῖς ἔτεσιν ὕστερον ἔπραξε Περσεὺς, ὁ τῶν Μακεδόνων βασιλεύς, ὅτε πρὸς Ῥωμαίους ἔμελλε διακινδυνεύειν, ἔχοντας ἐκ Λιβύης ἐλέφαντας. ἀλλ᾿ οὐδ᾿ ἐκείνῳ ῥοπὴν ἐνεγκεῖν εἰς τὸν πόλεμον συνέβη τὴν περὶ τὰ τοιαῦτα σπουδὴν καὶ φιλοτεχνίαν, οὐδὲ Σεμιράμιδι, περὶ ὧν ἀκριβέστερον ὁ προϊὼν λόγος δηλώσει. Die Stelle kehrt in den aus ihm erhaltenen Fragmenten über den Krieg mit Perseus nicht wieder, aber es geht aus denselben hervor, dass er hierfür blos Epitomator des Polybius war. Da nun hierdurch sicher gestellt wird, dass die Sache bei Polybius gestanden hat, so folgt aus der Uebereinstimmung der Stichworte bei Zonaras und Polyaen, dass beide Polybius excerpiren, und dass die ausführlichere Recension bei Polyaen als ein annähernd wortgetreues Fragment des Polybius angesehen werden kann.

Die Aussendung des Marcius Philippus gegen Perseus = Liv. XXXXIV. 1, 1; seine Ankunft im Lager bei Zon. 457 A = Liv. XXXXIV. 2, 2; Perseus hält sich ruhig bei Tempe = Liv. XXXXIV. 2, 9—12; der Zug Philipp's durch's Gebirge = Liv. XXXXIV. 5; er besetzt Gebiete des Perseus = Liv. XXXXIV. 7, 1—6; kommt bei Pydna in Bedrängniss und kehrt um = Liv. XXXXIV. 7, 6—8. Das Steigen der Macht des Perseus bis zur Ankunft des Aemilius Paullus ist dagegen bei Livius gar nicht sichtbar, bei Zonaras aber sehr stark hervorgehoben, was ein neues Zeichen ist, dass wir vielmehr Polybius lesen, aus welchem Livius das weniger wünschbare eliminirt hat.

Die Gesandtschaften der Rhodier = Liv. XXXXIV. 14—15, der Krieg wird Aemilius Paullus übertragen = Liv. XXXXIV. 17, 1, Perseus verschanzt sich am Elpius = Liv. XXXXIV.

---

1) Vergl. Schulze, de excerptis Constantinianis quaestiones criticae, Bonn. 1866, p. 12 sqq.

4 *

32, 8—10, Aemilius findet Wasser am Olymp = Liv. XXXXIV.
33, 2, neue Gesandtschaft der Rhodier Zon. 457 D = Liv.
XXXXIV. 35, 4—6. Nicht durch Livius bezeugt ist die Nachricht, dass Aemilius sein Heer getheilt habe. Ein Treffen
mit Perseus = Liv. XXXXIV. 35, 10.
Der Rückzug des Perseus nach Pydna bei Zon. 458 A
hat in dem hinter Liv. XXXXIV. 35, 24 ausgefallenen Stücke
gestanden. Die Ankunft des Aemilius = Liv. XXXXIV. 37,
1—4, die Auslegung der Mondsfinsterniss = Liv. XXXXIV.
37, 5—10. Der Beginn der Schlacht wird veranlasst durch
ein in's Wasser fallendes Zugthier = Liv. XXXXIV. 40, 4
—10; die Römer verfolgen Zon. 458 C die fliehenden Mace-
donier bis in's Meer = Liv. XXXXIV. 42, 4—6; ohne den
Einbruch der Nacht wäre niemand entronnen = Liv. XXXXIV.
42, 9; Perseus flieht nach Amphipolis = Liv. XXXXIV. 45, 1
und von dort nach Samothrake = Liv. XXXXIV. 45, 2—5,
seine Unterhandlungen = Liv. XXXXV. 4, die Ermordung
des Euander Zon. 459 A = Liv. XXXXV. 5, 2—11; die ver-
suchte Flucht zu Cotys = Liv. XXXXV. 6, er ergiebt sich
und wird von Aemilius schonend behandelt = Liv. XXXXV.
8, 8—9, 1, des Aemilius Heimkehr über Epirus = Liv.
XXXXV. 34.

Dass der von Zonaras mitgetheilte Parallelbericht des Plut.
Aem. 26 über den Empfang des Perseus nicht aus Dio entnommen sei ist von Adolf Schmidt in der Abhandlung: «Ueber
die Quellen des Zonaras» aus der Zeitschrift für Alterthums-
wissenschaft 1839 wieder abgedruckt in Zonaras ed. L. Dindorf vol. VI. I—LX. aufgestellt und ganz überzeugend be-
gründet worden (pg. XXXI): «dass dies Zeugniss direct aus
Plutarch entlehnt ist, wird durch die Wortübereinstimmung
bewiesen; wäre es aus Dio gestohlen (?) so würde die Diction
viel freier sein.» Man könnte hinzufügen, dass überhaupt
nicht abzusehen ist, weshalb Dio diesen Bericht des Plutarch
sollte angeführt haben, und vollends warum er ihn sollte ein-
geleitet haben mit ὁ δὲ Πλούταρχος, denn die Hauptsache,
dass Perseus gnädig aufgenommen worden sei, ist beide Male
völlig dieselbe und die blose Vervollständigung durch die

etwas pedantische und nichts weniger als taktvolle Ansprache des Aemilius an seine Umgebung berechtigt in keiner Weise zu dem δέ, welches nur als Einleitung einer abweichenden Version einen vernünftigen Sinn hat. Dass also Dio diese zweite Version gegeben haben sollte ist äusserst unwahrscheinlich, auch gegen die Analogie seiner übrigen Art der Darstellung, und dass das Citat ohne Namensnennung des Plutarch auch in den Planudischen Excerpten vorkommt (Dio fgt. 66, 5), beweist gar nichts für Dio, da Planudes hier den Johann von Antiochien excerpirt hat, vergl. Haupt im Hermes XIV. 39. Das Stück ist vielmehr als Interpolation anzusehen, ob aber Zonaras den Bericht des Plutarch selbst nachgeschlagen hat, oder ob das Citat aus einem schon aus Plutarch interpolirten Exemplare des Dio herübergenommen ist, lässt sich aus dem einen Falle nicht entscheiden.

Zon. 459 C: die Aussendung des Lucius Anicius gegen Gentius = Liv. XXXXIV. 30, 12 sqq.; die Schilderung der Lage von Scodra, und die Betrachtung, dass es uneinnehmbar gewesen wäre, wenn Gentius zugewartet hätte = Liv. XXXXIV. 31; trotzdem rückt Gentius aus gegen Anicius = Liv. XXXXIV. 31, 8, sein Reich wird von Anicius unterworfen = Liv. XXXXIV. 32, dass Anicius μέχρι τῆς Ἠπείρου προελθὼν πρὶν τὸν Παῦλον ἐλθεῖν κἀκείνην ταραττομένην ἡμέρωσεν geben wohl Liv.XXXXIV. 33, 8—34, 1 wieder.

Die Meldung des Sieges von Pydna in Rom Zon. 460 A steht bei Livius XXXXV. 1; dass die Erinnerung an Philippus und Alexander wach geworden sei, berichtet Liv. XXXXV. 7, 3, aber bei anderm Anlass, nämlich bei Eintritt des Perseus in's römische Lager. In wie weit der Bericht des Zonaras über den Triumphzug des Aemilius mit Livius übereinstimmte, ist nicht sicher zu entscheiden, da dieser von XXXXV. 40 an lückenhaft ist. Die Furcht des Aemilius vor allzugrossem Glück erwähnt Liv. XXXXV. 41, 7—9. Die Vergleichung des Wunsches des Aemilius mit dem des Camillus bei Liv. V. 21, 15 wird wohl Eigenthum Dio's sein. Der Tod der Söhne des Aemilius wird auch berichtet von Liv.

XXXXV. 40, 7, doch stirbt der zweite bei Zon. 460 B ἐν αὐτῇ τῇ τῶν ἐπινικίων ἑορτῇ, bei Livius triduo post triumphum. Das Endurtheil über Aemilius Paullus steht ausführlicher als bei Zonaras bei Dio fgt. 67, allwo die Unbestechlichkeit ebenso wie bei Plut. Aem. 4 hervorgehoben, dann aber hinzugefügt wird τοῦτο δὲ μόνον ὥσπερ τινὰ κηλίδα τῷ τούτου βίῳ προστετρῖφθαι νομίζουσι, τὸ διαρπάσαι τοὺς στρατιώτας τα χρήματα ἐπιτρέψαι. Von solchen Meinungen hört man bei Liv. XXXXV. 34 nichts, während Plut. Aem. 30 wenigstens einen ähnlichen Gedanken äussert, freilich sehr schüchtern, wie allen Tadel: Αἰμίλιος μὲν οὖν τοῦτο πράξας μάλιστα παρὰ τὴν αὐτοῦ φύσιν, ἐπιεικῇ καὶ χρηστὴν οὖσαν. Da nun Dio ausdrücklich sagt νομίζουσι, also nicht sein eigenes Urtheil formulirt, so muss es also eine sowohl von Plutarch als von Dio gehörte Stimme in der Ueberlieferung gegeben haben, welche das Verfahren gegen Epirus ruchlos gefunden hat, und als die Quelle dieser Auffassung lässt sich nur Polybius denken.

Von der ärmlichen Lage der Frau des Aemilius nach dessen Tode hatte ebenso wie Dio fgt. 67 Livius lib. XXXXVI. gehandelt, laut der periocha: L. Aemilio Paulo, qui Persen vicerat, mortuo, cujus tanta abstinentia fuit, ut cum ex Hispania et ex Macedonia immensas opes retulisset, vix ex auctione ejus redactum sit, unde uxori ejus dos solveretur etc.

Die Rückgabe des Bithys bei Zon. 460 B := Liv. XXXV. 42, 12; Perseus kommt nach Alba in Gewahrsam .= Liv. XXXXV. 42, 4; für sein und seiner Familie weiteres Schicksal fehlt Livius; sachlich stimmt mit Zon. 460 C Plut. Aem. 37.

Die Gesandtschaften der erschrockenen Rhodier sind erhalten bei Liv. XXXXV. 20—25 und bei Polyb. XXX. 4 und 5. Vergleicht man aber die in Dio fgt. 68, 2 ausführlicher als bei Zon. 460 C mitgetheilten Gründe für das frühere Sichabschliessen der Rhodier mit Livius, so ergiebt sich gar keine nähere Berührung, wohl aber liegt Aehnlichkeit der Gedanken bei Dio und Polybius vor, natürlich keine ins einzelne gehende, denn Polybius ergeht sich hier in der äussersten Weitschweifigkeit, aber es ist doch die Gruppirung der Betrachtung bei Dio deutlich der des Polybius nachgebildet, namentlich auch

in der Einführung des Umschwungs in ihrem Verhalten τότε
καὶ πάνυ προςθέσθαι ἐσπούδαζον κ. τ. λ. = Polyb. XXX. 5, 9
τότε δὲ μεγάλην ἐποιοῦντο φιλοτιμίαν κ. τ. λ. was directe Benützung beweist, aber zugleich Freiheit in der Behandlung
und einen richtigen Blick für die entscheidenden Punkte in
langen Auseinandersetzungen. Prusias in Rom Zon. 460 D = Polyb. XXX. 9 = Liv.
XXXXV. 44, 19—21.

IV.

Es ergiebt sich somit durch die Vergleichung des Dio-
Zonaras mit der vierten und fünften Decade des Livius folgendes Resultat: Livius ist durchgängig benützt, dies beweist
für die annalistischen Partien·desselben die von Nissen nachgewiesene Stelle Zon. 446 B und für die polybianischen Partien das Versehen des Dio bei Zon. 445 C. Daneben aber
ist stark benützt das Original des Polybius, und zwar wird
dies bewiesen durch die Wortübereinstimmung von Zon. 449 C
mit Polybius, durch die Wort- und Sachübereinstimmung von
Zon. 454 D mit Polybius, durch die Wortübereinstimmung
von Zon. 456 A mit Diodor, durch die Sachübereinstimmung
von Zon. 456 D mit Diodor und Wort- und Sachübereinstimmung mit Polyaen, durch die Gedankenübereinstimmung von
Dio fgt. 67 mit Plutarchs Aemilius, durch die Sachübereinstimmung von Zon. 455 C mit Tzetzes und der Wortübereinstimmung dieses mit der Syriaca des Appian, endlich aus den
theils sachlichen theils wörtlichen Uebereinstimmungen der
Syriaca des Appian mit folgenden Stellen des Zonaras: 449 B,
450 B, 450 D, 452 A, 453 A, 455 B.

Neben diesen beiden Hauptquellen hat sich aber, wenn
auch spärlicher als neben der dritten Decade, eine annalistische
Quelle gezeigt, welche 453 C eines Berichtes, der blos Plagiat
an einem andern wäre, dringend verdächtig ist, und welche
454 D mit einem Plagiat aus Herodot auftritt, dessen wörtliche Anklänge an den Urtext die Quelle als griechisch nachweisen. Nun berichtet Zon. 396 C, dass Pyrrhus sich von
den Tarentinern verabschiedet habe δοὺς αὐτοῖς δίφρον ἱμᾶσιν

ἐκ τοῦ δέρματος τοῦ Νικίου ἐνδεδεμένον, ὃν ἐπὶ τῇ προδοσίᾳ ἀπέκτεινεν. Natürlich ist auch diese Nachricht weiter nichts als Plagiat an Herod. V. 25, wo von Cambyses berichtet wird, dass er den Sysamnes σφάξας ἀπέδειρε πᾶσαν τὴν ἀνθρωπηίην, σπαδίξας δὲ αὐτοῦ τὸ δέρμα ἱμάντας ἐξ αὐτοῦ ἔταμε καὶ ἐνέτεινε τὸν θρόνον, ἐς τὸν ἵζων ἐδίκαζε und zwar lehrt auch hier der Anschluss an den Wortlaut des Herodot, dass eine griechisch geschriebene Quelle Dio vorgelegen hat. Dies kann nun nicht Dionysius gewesen sein, den Dio im Uebrigen ja sehr viel benützt hat, denn dieser hatte, wie sich aus den zum Theil ganz ausführlichen Fragmenten desselben erkennen lässt, den sehr fragwürdigen Charakter des Pyrrhus zu einem solchen Idealbild von Tugend, Liebenswürdigkeit und Edelmuth übermalt, dass eine Henkersanekdote wie die von Zonaras mitgetheilte, sich nirgends hätte anbringen lassen ohne den Verfasser in die gröbsten Widersprüche zu verwickeln. Ausserdem würde auch Dionys als reich belesener Mann das Plagiat erkannt und die Originalerzählung daneben gestellt haben, wie er dies IV. 56 bei der der Periandersage nachgebildeten Sage von Tarquinius gethan hat, und wie dort Dio beide Versionen aus Dionys herübergenommen hat, vergl. Zon. 330 C—D, so müssten wir erwarten, auch beim andern Plagiate die Parallelstelle angegeben zu finden, was nicht der Fall ist, und aus dem Umstande, dass sowohl der Bericht über Tarquinius als der über Pyrrhus entlehnt sind, darf man noch nicht schliessen, dass beide nun auch in derselben Quelle gestanden haben müssten, so dass Dionysius, wenn er den einen kennt, auch den anderen müsste gekannt haben. Die Art und Weise der Entlehnung ist nämlich beide Male eine ganz verschiedene und es müssen daher die beiden Erzählungen aus ganz verschiedenen Schichten der römischen Geschichtschreibung herstammen. Bei der Erzählung von Tarquinius ist gar keine Wortübereinstimmung mit einem andern Autor nachweisbar, und die Sache selbst ist verändert. Periander führt den Boten an ein Aehrenfeld, und rauft da und dort eine besonders hochgewachsene aus, Tarquinius führt ihn in eine Mohnpflanzung und schlägt die höchsten Exemplare mit dem

Stocke ab. Nun ist das Wegschlagen des dicken Kopfes der
Mohnpflanze von ihrem brüchigen Stengel unstreitig eine viel
handgreiflichere Anspielung auf das Köpfen von Menschen,
als das Aehrenabraufen, und die römische Version erhält dadurch etwas Gröberes, Volksthümlicheres, und entfernt sich
damit von dem Charakter eines rein litterarischen Plagiats.
Eher als dass ich diese Anekdote von einem gelehrten Fälscher
aus Herodot herübergenommen sein lasse, möchte ich annehmen, dass sie eines der vielen von unteritalischen Philosophen
zu pädagogischen Zwecken gebrauchten Beispiele für die Grund-
sätze des Tyrannen gewesen sei, dass sie von dort mündlich
nach Rom gelangt sei, und dass sich dort die römische Volks-
tradition der Anekdote bemächtigt und ihr das derbere Colorit gegeben habe, und dass sie dann aus dem römischen Volks-
munde, also aus relativ achtbarer Quelle, in die römische Ge-
schichtsüberlieferung hineingedrungen sei. Ganz anders steht
es mit dem Plagiat, das Pyrrhus und dem, welches die Belagerung von Ambrakia betrifft. Hier ist beide Male die
Sache blos auf ein anderes Lokal und auf andere Mithandelnde
übertragen, die Sache selbst ist völlig unverändert, und der
Wortanschluss an das Original zeigt unwiderleglich, dass beide
Anekdoten aus einem vorliegenden, eigens dazu aufgeschlage-
nen Exemplare des Herodot abgeschrieben und der römischen
Geschichte einverleibt worden sind, und hier zwingt uns die
völlige Identität der litterarischen Technik, beide Plagiate
einem und demselben Fälscher zuzuschreiben. Nun ist aber
die Tendenz des ersten derselben vollkommen dieselbe, welche
sich in allen Anekdoten über die unmenschliche Grausamkeit
Hannibals, welche Zonaras bietet, kundgab, nämlich: die
Feinde des römischen Volkes als Scheusale hinzustellen, und
aus diesem Zusammenfallen der Tendenz ergiebt sich die Identität des Plagiators des Herodot mit dem für den Hannibalischen Krieg von Dio benützten griechisch schreibenden Annalisten (vgl. oben p. 32—33).

Mit der Mitte des zweiten Jahrhunderts vor Christus hat
aber die römische Annalistik aufgehört in griechischer Sprache
zu schreiben; andererseits kann der aus Herodot verfälschte

Bericht über die Belagerung von Ambrakia im Jahr 189 nicht
unmittelbar nach derselben niedergeschrieben sein, zu einer
Zeit, als aller Augen noch auf die Vorgänge in Asien gerichtet waren, sondern er setzt eine Zeit voraus wo sich die
Situation schon völlig geklärt hatte, und man sich der Darstellung und Ausschmückung der syrisch-macedonischen Kriege
mit Musse zuwenden konnte, dürfte also wohl erst nach 168
geschrieben sein. Aus dieser Zeit sind nun blos drei Annalen-
werke in griechischer Sprache bekannt, das des C. Acilius,
das des Aulus Postumius und eine historia quaedam graeca
des Sohnes des älteren Scipio Africanus; einen dieser drei
Autoren muss Dio benützt haben, denn eine Annahme, dass
es in dieser Zeit noch ein weiteres Annalenwerk von dem Um-
fange, wie ihn der Grad der Detaillirtheit der von Dio mitgetheilten Anekdoten voraussetzt, gegeben haben, und dass
sich ein solches Werk durch eine litterarisch so belebte Periode hindurch bis in's dritte Jahrhundert nach Christus hin-
übergeschlichen haben sollte ohne nur ein einziges Mal erwähnt zu werden, entbehrt aller und jeder Wahrscheinlichkeit.
Allein um zu entscheiden, welcher von den dreien uns bei Dio
im Auszug vorliegt, dazu reichen die Notizen, welche uns
über dieselben überliefert sind, nicht aus. Für Acilius würde
der Umstand sprechen, dass Zon. 420 A über den Meineid
der nach der Schlacht von Cannae als Gesandte von Hannibal
abgeschickten römischen Gefangenen denselben Bericht giebt,
welchen Acilius nach Cic. de off. III. 32, 113 gegeben hatte.
Allein denselben Bericht bietet auch Liv. XXII. 61, so dass
es am nächsten liegt, Dio's Bericht aus diesem abzuleiten.
Für Postumius würde sprechen, dass die sehr ausführliche und
überaus compromittirende Charakteristik, welche Polyb. XXXIX.
12 von ihm entwirft, dem Gesammtcharakter der von Dio benützten Quelle vortrefflich entspricht, welcher allerdings einen
Autor voraussetzt τὴν ἰδίαν φύσιν στωμύλος καὶ λάλος καὶ πέρ-
περος διαφερόντως und da Polybius ausdrücklich hervorhebt,
wie sehr derselbe mit griechischer Bildung kokettirt habe,
so würde ihm das Ausstaffiren seines Werkes mit Plagiaten
aus Herodot am allerehesten zuzutrauen sein. Endlich hätte

die Hypothese, dass Dio das griechisch geschriebene Geschichts-
werk des Sohnes des Africanus major, von dem wir nur aus
Cic. Brut. 19, 77 Kunde haben, benützt habe, den Umstand
für sich, dass auf diese Weise die auffallende, tendenzmässige
Verherrlichung des Scipionenhauses und die wahre Affenliebe,
mit der auch die thörichtesten Quisquilien aus ihrem Privat-
leben mitgetheilt sind, eine genügende Erklärung fände. Allein
wenn nun auch darauf verzichtet werden muss, diesen Annalisten mit einem Namen zu versehen, so ist doch schon durch
die zeitliche Fixirung manches gewonnen. Denn wir können
uns nun aus der Gesammtsumme der bei Dio auf diese Quelle
zurückgeführten Berichte ein ziemlich anschauliches Bild davon machen, wie die griechische Annalistik in ihren letzten
Zeiten aussah. Das Bild ist kein erfreuliches, und man be-
greift schwer, wie ein so verständiger Mann wie Dio hat glauben können, durch diese Quelle die Berichte des Polybius und
Livius vervollständigen zu müssen. Wenn er es gethan hat
im Anschluss an den Grundsatz des von ihm bewunderten
Arrian, in erster Linie die Zeitgenossen zu hören, so mag ihm
um der Methode willen der Missgriff in der Wahl der einen
Quelle verziehen sein; zu tadeln bleibt dann immer noch seine
conciliatorische Kritik, an der sich auch verräth, dass er nicht,
wie Peter, Kritik etc. p. 138 meint, die von ihm durchge-
lesenen Berichte aus sich heraus frei wiedergegeben habe.
Denn das setzt voraus, dass man sich erst eine vollkommen
deutliche Anschauung von den Vorgängen bilde, und diese hat
Dio nicht, sonst könnte er nicht am Trasimenus die Schreck-
nisse des Nachtangriffs und des Angriffs im Morgennebel in
einem Athemzug berichten, oder erst die Abschlachtung der
Gefangenen nach dem Annalisten berichten und bald darauf
nach Livius ihre Auswechslung. Freilich eine Orientirung
über die Vorgänge muss sich Dio schon aus seiner Lektüre
gebildet haben, nach welcher er seine κεκαλλιεπτημένοι λόγοι
verfassen konnte; aber dass die eigentliche Niederschrift der
historisch-erzählenden Partien erfolgt ist mit beständiger Con-
sultirung einiger weniger, aber der ausführlichsten ihm für
die betreffende Periode zu Gebote stehenden Quellen, aus denen

er beständig die eine durch die andere vervollständigte, das
beweist neben dem Vorkommen der oben genannten Widersprüche der vielfach nachweisbare Wortanklang an seine Quelle,
und das Ueberspringen der Wortübereinstimmung von einer
Quelle zur andern im gleichen Satze. Im übrigen ist die Art
und Weise wie Dio seine Quellen benützt durch Nissen p. 308
—312 und Peter p. 138—151 so trefflich dargestellt, dass es
nicht nöthig ist, dieselbe hier noch einmal zu charakterisiren.
Ein einziges Wort bei Peter p. 138 scheint mir zu viel gesagt: «dass Dio der Sinn für strenge historische Wahrheit
fehle». Wenn dieses Urtheil heissen soll, dass Dio nicht immer
geschickt sei in Ermittlung derselben, so gebe ich das be-
dingungslos zu; wenn es aber bedeutet, dass Dio nicht das
redliche Bestreben habe die Wahrheit zu sagen, so vermisse
ich hierfür die Gründe. Natürlich hat Dio die Reden, auf die
er so stolz ist, frei erfunden, und für diese Periode wo ihm
kein sachlicher Inhalt zur Ausfüllung derselben überliefert
war, zeigt sich seine rhetorische Begabung im Vergleich mit
Livius und Dionysius in kläglichem Lichte; denn seine Reden
sind endlos lang und gründlich leer und selbst noch als kleine
Fragmente langweilig. Dabei begegnen ihm Missgriffe aller
Art; bald grobe Verstösse gegen das römische Colorit, wie er
denn z. B. ein speciell griechisches, aus Euripides in den
Jammerapparat der griechischen Rhetorik übergegangenes Mo-
tiv mehrfach angewendet hat, vergl. die Stellen bei Haupt im
Hermes XIV. p. 439; bald übel angebrachte Redefiguren, wie
jene wahrhaft komisch wirkende Litotes mit welcher Lucretia
ihren Vater anredet Dio fgt. 11, 19 οὐδέν μοι χρηστὸν ἐν τῇ
νυκτὶ ταύτῃ πέπρακται, bald philosophische Tifteleien als
schlechter Ersatz eines kräftigen Ausspruchs, wie z. B. Curtius,
bevor er (Dio fgt. 30, 2) in den Abgrund springt, erst eine
längere Paraphrase des Sophokleischen πολλὰ τὰ δεινὰ κοὐδὲν
ἀνθρώπου δεινότερον πέλει giebt und dann anfängt im Sinne
des Heraklitischen ἀθάνατοι θνητοί, θνητοί ἀθάνατοι zu grü-
beln, wobei er zu dem Resultate kommt εἰ γὰρ δεῖ δή τι καὶ
θρασυνόμενον εἰπεῖν, οὔτ᾽ ἄνθρωπος οὐδὲν ἄλλο ἐστὶν ἢ θεὸς
σῶμα θνητὸν ἔχων, οὔτε θεὸς ἄλλο τι ἢ ἄνθρωπος ἀσώματος

καὶ διὰ τοῦτο καὶ ἀθάνατος, u. s. w. Allein sieht man von
den Reden ab, so bleibt bei Dio innerhalb des hier behandel-
ten Zeitraumes kein einziger falscher Bericht übrig, den man
nicht als Flüchtigkeit, oder als Folge von Benützung schlechter
Quellen, oder als irrige Combination entschuldigen könnte und,
da man es kann, entschuldigen müsste. Anders der von ihm
benützte Annalist, anders Dionys. Wer mehrfach Berichte
aus Herodot mit Beibehaltung alles wesentlichen Wortlautes
in die römische Geschichte hinüberträgt, der ist sich dabei
klar bewusst, dass er lügt. Und wer wie Dionys an einem
halben Dutzend Stellen dem Thucydides zum Vorwurf macht,
dass er bei Gelegenheiten, wo sich durch Fälschung ein grösserer Effekt hätte erreichen lassen, nicht gefälscht habe, der
verzichtet damit öffentlich darauf, zur Wahrheit in irgend
einer Beziehung zu stehen. Aber von Dio ist bis jetzt noch
nirgends nachgewiesen, und wird sich wohl auch nirgends
nachweisen lassen, dass er irgend etwas, das er als wahr berichtet, nicht für wahr gehalten habe.